[illegible]公權楷書

[illegible]十寫春聯

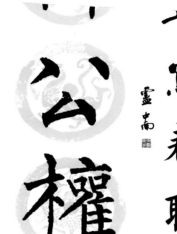

罗锡清 编

河南美术出版社
·郑州·

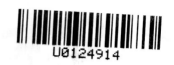

图书在版编目（CIP）数据

过年写春联．柳公权楷书／罗锡清编．— 郑州：河南美术出版社，2023.10

ISBN 978-7-5401-6337-2

Ⅰ．①过…　Ⅱ．①罗…　Ⅲ．①楷书－法帖－中国－唐代　Ⅳ．①J292.2

中国国家版本馆 CIP 数据核字（2023）第 191032 号

过年写春联　柳公权楷书

罗锡清　编

出 版 人　王广照
责任编辑　庞　迪
责任校对　王淑娟
装帧设计　庞　迪
制　　作　张国友
出版发行　河南美术出版社
　　　　　地址：郑州市郑东新区祥盛街 27 号
　　　　　邮编：450016
　　　　　电话：（0371）65788152
印　　刷　河南美图印刷有限公司
开　　本　787 毫米 ×1092 毫米　1/16
印　　张　6
字　　数　60 千字
版　　次　2023 年 10 月第 1 版
印　　次　2023 年 10 月第 1 次印刷
书　　号　ISBN 978-7-5401-6337-2
定　　价　25.00 元

关于春联

春联以工整、对偶、简洁、精巧的文字描绘时代背景，抒发美好愿望，是我国特有的一种文学形式。每逢春节，无论城市还是农村，家家户户都要精选一副副春联贴于门上，为节日增加喜庆气氛。

相传，中国最早的春联出自五代后蜀国君孟昶。《宋史·西蜀孟氏》记载："（孟昶）每岁除，命学士为词，题桃符，置寝门左右。末年，学士幸寅逊撰词，昶以其非工，自命笔题云：'新年纳余庆，嘉节号长春。'"大意是：人们在新年享受着先代的遗泽，佳节预示着春意常在。

过年贴春联的民俗起源于宋代，并在明代开始盛行。据《簪云楼杂说》载，明太祖朱元璋酷爱对联，不仅自己挥毫书写，还常常鼓励群臣书写。有一年除夕，他传旨：公卿士庶家，门口须加春联一副。后太祖微服出巡，看见各家张贴的春联十分高兴。当他行至一户人家，见门上没有春联，便问何故。原来主人是个杀猪的，正愁找不到人写春联。朱元璋当即挥笔写下了一副内容为"双手劈开生死路，一刀割断是非根"的春联送给了这户人家。从这个故事中，我们可以看出朱元璋对春联的大力提倡，也正是因为他的身体力行，才推动了春联的普及。

到了清代，春联的思想性和艺术性都有了很大提高。梁章钜所撰《楹联丛话》对楹联的起源及各门类作品的特色都一一做了论述，其中就专门提到春联。

春联在实际应用中，其含义在一定程度上被泛化了。常见的"春联"，根据其使用场所与张贴位置的不同，可分为门心、框对、横批、春条、斗斤等。"门心"贴于门板上端中心部位；"框对"贴于左右两个门框上；"横批"贴于门楣的横木上；"春条"是根据不同的内容，贴于相应位置的单幅文字，如过年时在庭院里贴的“抬头见喜”“出入平安”“恭喜发财”等；“斗斤”也叫“门叶”，为菱形，多贴在家具、单扇门或影壁上，春节时大家喜欢贴的“福”字，就属于“斗斤”。

春节贴“福”字，是我国民间由来已久的风俗。据《梦粱录》记载：“岁旦在迩，席铺百货，画门神桃符，迎春牌儿。”“士庶家不论大小，俱洒扫门闾，去尘秽，净庭户，换门神，挂钟馗，钉桃符，贴春牌，祭祀祖宗。”文中的“春牌”即写在红纸上的“福”字，“福”字代表的是“幸福”“福气”“福运”。民间还有将“福”字精描细作成各种图案的，图案有寿星、寿桃、鲤鱼跳龙门、五谷丰登、龙凤呈祥等。春节贴“福”字，无论是过去还是现在，都寄托了人们对幸福生活的向往和对美好未来的祝愿。

俗话说：“一年之计在于春。”在人们的传统观念里，一年中有个好的开端是最惬意、最吉利的事。无论在过去的一年里有什么高兴、得意的事，还是有什么不如意的事，人们总是希望未来的一年过得更好。因此，在新春即将到来之时，贴春联恰好可以表达这种美好的愿望。加之我国人民自古就有乐观向上的精神，寄希望于未来，祈盼未来自己会有好运。于是人们借助春联表达对即将过去的一年的怀念和感悟，以及对新的一年的期盼与希望。

民间有“腊月二十四，家家写大字”的说法，随着中国传统文化的复兴，过年写春联已经成为一种时尚。中国人过春节讲究喜庆、吉利、热闹，人们在春节期间吃好的、喝好的、穿新衣、放鞭炮、走亲访友等，这都体现了人们对美好生活的向往，而写春联恰恰暗合了这一点。

“过年写春联”是河南美术出版社近年来精心打造的一个品牌书系。该社邀请了全国知名书家用楷、行、篆、隶四种书体对精选的春联内容进行书法创作，也邀请了高校教师及相关专业人士用古代经典碑帖或名家书法对春联内容进行集字、组合，使这套书的品种丰富多样，可满足读者手写春联的各种需求。希望这套书能为中国传统春节文化增添一笔浓重的“中国红”。

杨　华

目录

44	45	46	47	48	49	50	51	52
和气自生君子室 春光先到吉人家	户沐阳春千家暖 人逢盛世百业兴	几点梅花迎淑气 数声鸟语斗春光	万象更新春似锦 宏图大展气如虹	万里和风吹柳绿 九州春色映桃红	福禄寿三星共照 天地人一体同春	几行绿柳千门晓 一树红梅万户春	春雨丝丝润万物 红梅点点绣千山	五湖四海皆春色 万水千山尽得辉

53	54	55	56	57	58	59	60	61
千祥云集家声振 百福年增世业长	万里和风生柳叶 一枝春雪映梅花	门迎晓日财源广 户纳春风吉庆多	门迎四季平安福 地聚八方鸿运财	梅传春信寒冬去 竹报平安好日来	满园桃李逢春发 入室芝兰竟日香	绿竹别具三分景 红梅正报万家春	龙腾虎跃人间景 鸟语花香天地春	春来也鱼龙变化 时至矣桃李芳菲

62	63	64	65	66	67	68	69	70
九州瑞气迎春到 四海祥云降福来	家添财富人添寿 春满阶庭福满门	花开富贵家家乐 灯照吉祥岁岁欢	宏图大展前程远 吉星高照事业新	和顺满门添百福 平安二字值千金	国正华年花烂漫 人逢盛世寿增添	爆竹四起接五福 梅花一枝报三春	福随瑞气来庭院 财伴春风入宅门	大地春风温我宅 中天丽日到吾家

71	72	73	74	75	76	77	78	79
春联喜换千门旧 爆竹笑迎万户春	爆竹花开灯结彩 春红柳发岁更新	春风得意财源广 和气致祥家业兴	春趁梅花香里到 福随爆竹暖中生	除夕畅饮千杯酒 新年更上一层楼	爆竹声中除旧岁 梅花香里报新春	爆竹频传迎百福 桃符重写纳千祥	百花迎春香满地 万事如意喜临门	百福尽随新节至 千祥俱自早春来

80	81	82	83	84	85~90
瑞日芝兰光甲第 春风棠棣振家声	辞旧岁喜看江山更美 迎新春展望前程似锦	春风引紫气一元复始 大地发春华万物更新	山清水秀春光日日丽 人寿年丰喜事天天增	瑞气满神州青山不老 春风拂大地绿水长流	春光明媚 江山如画 盛世祥光 风调雨顺 普天同庆 六合同春 一帆风顺 万象更新 纳福迎祥 吉星高照 四季平安 六时吉祥 春风入户 瑞满神州 万事亨通 吉庆盈门 积善人家 运际升平 花好月圆 大展宏图 富贵平安 五福临门 惠风和畅 梅开五福 吉祥如意 百花争春 长乐人家 春满神州 春和景明 春来时至

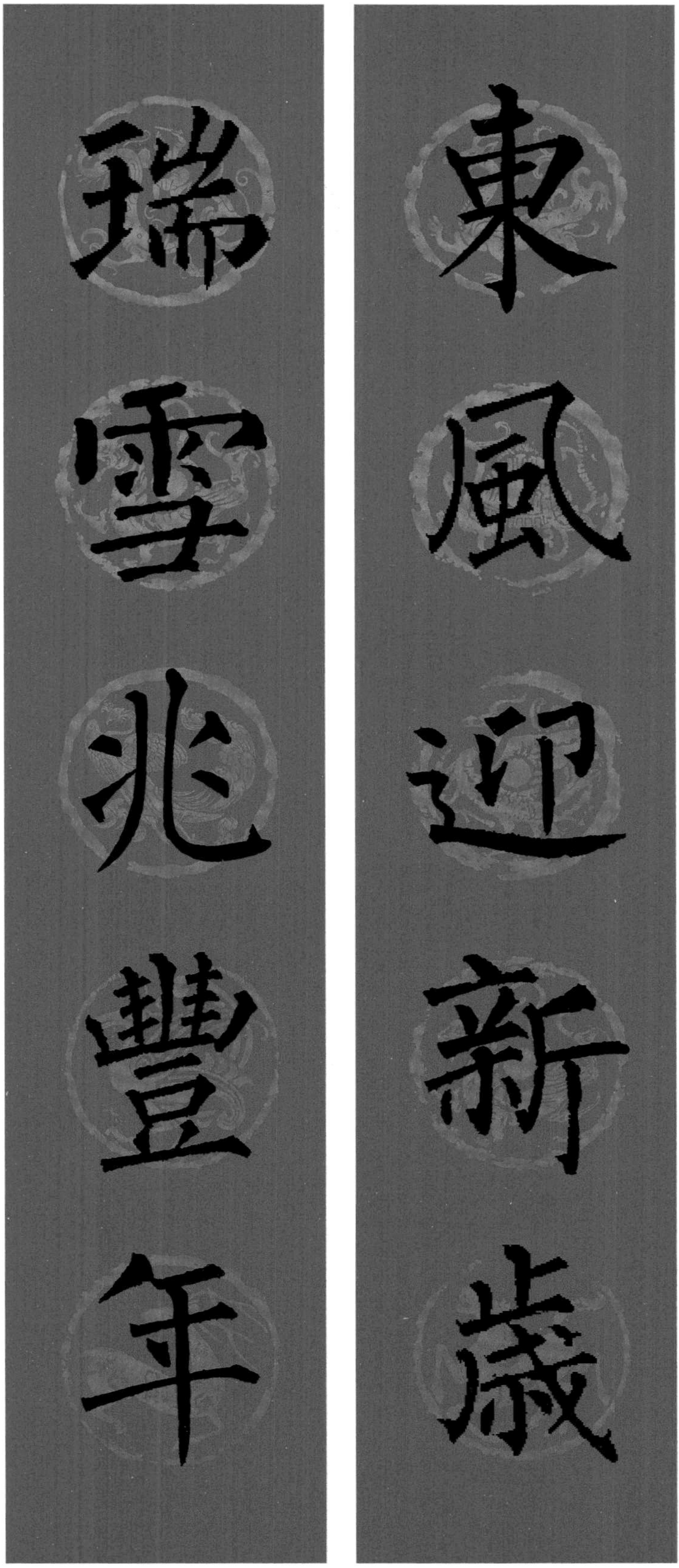

东风迎新岁
瑞雪兆丰年

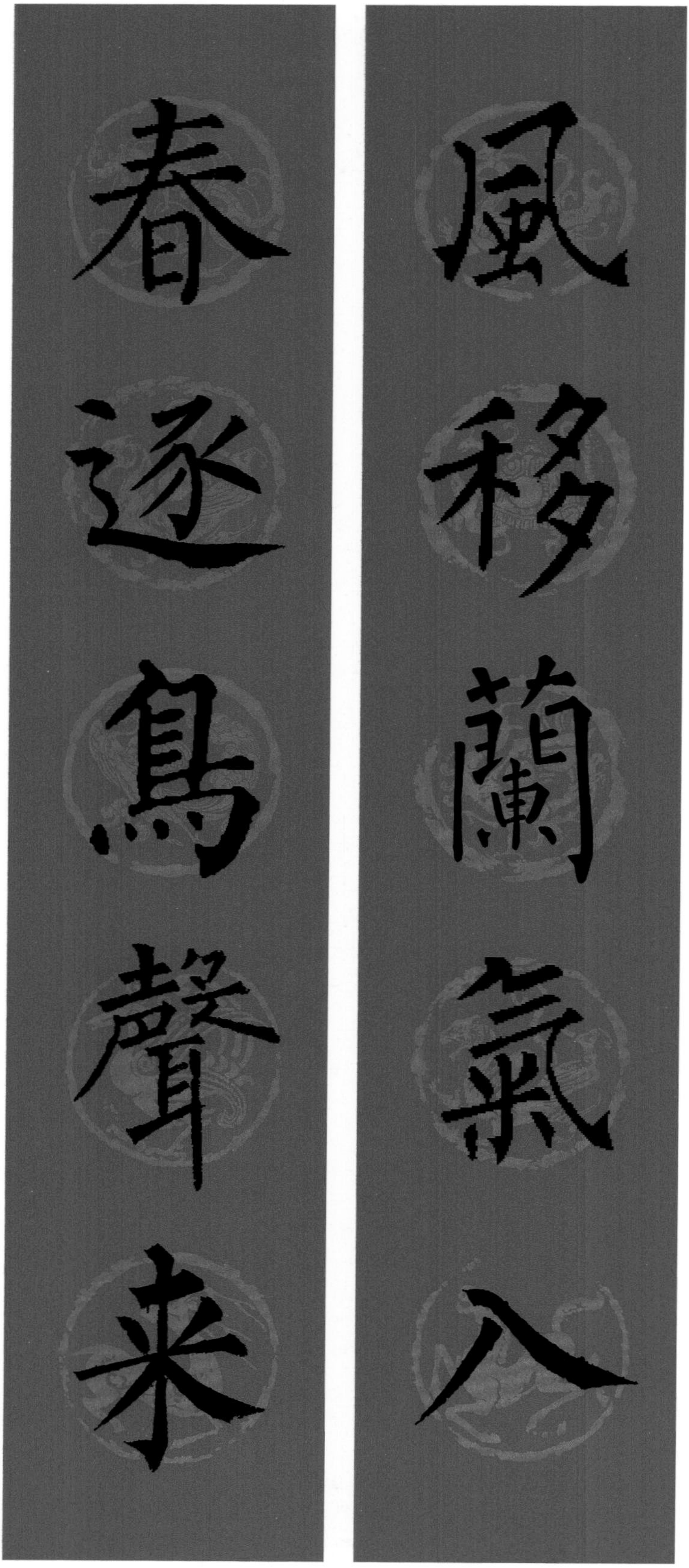

风移兰气入
春逐鸟声来

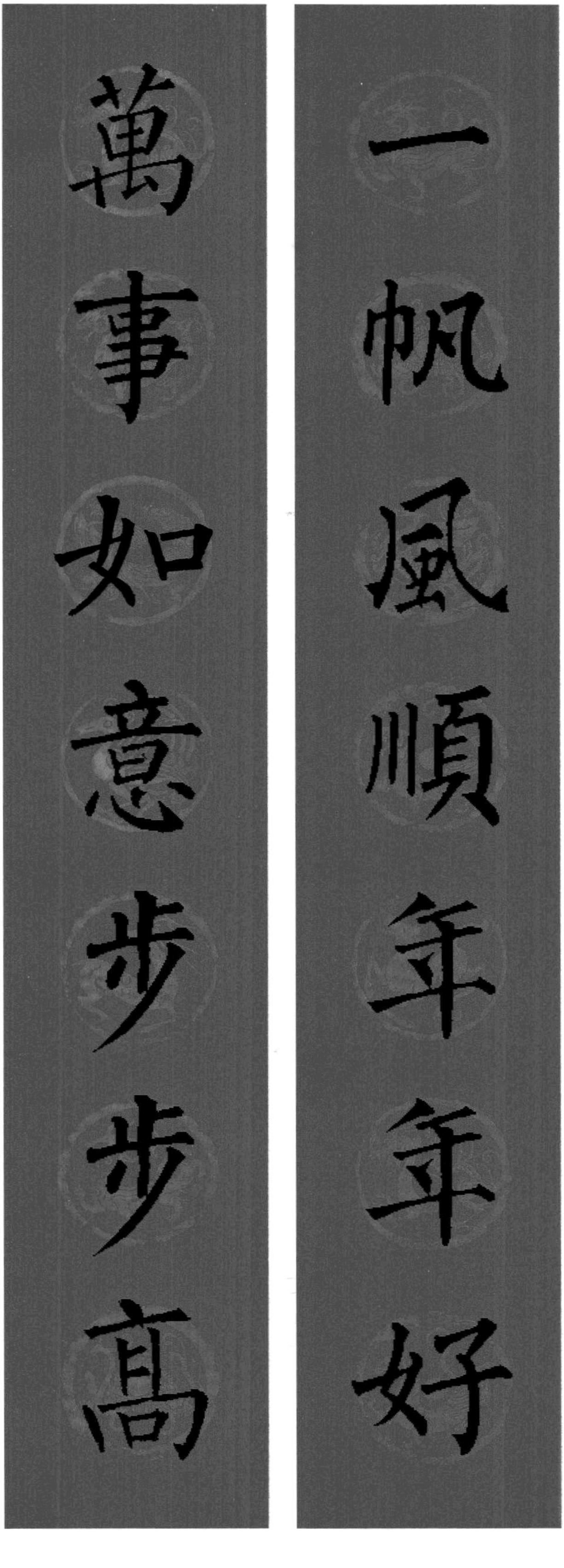

一帆风顺年年好
万事如意步步高

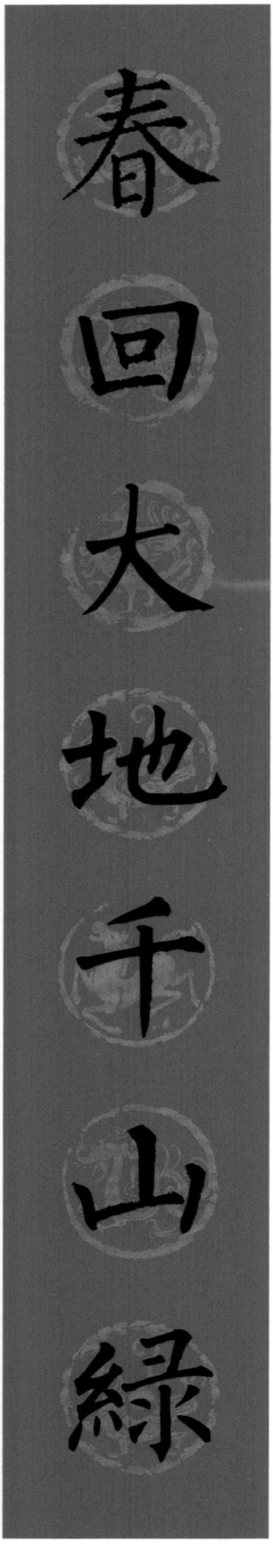

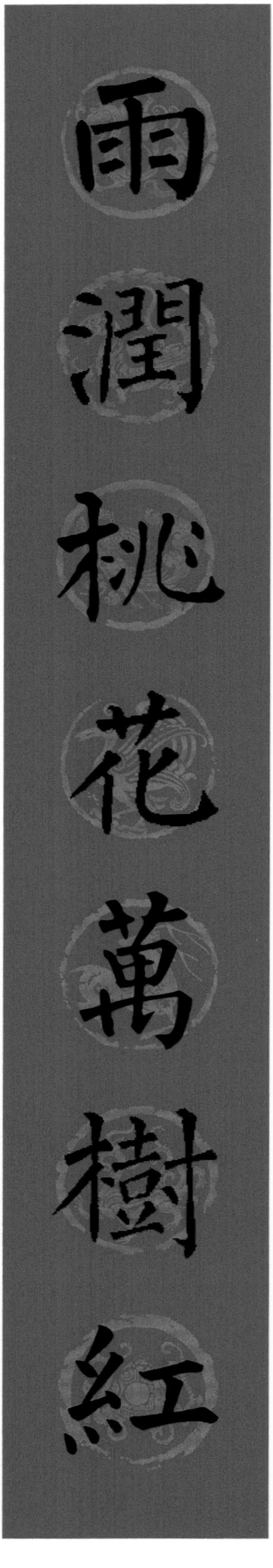

春回大地千山绿
雨润桃花万树红

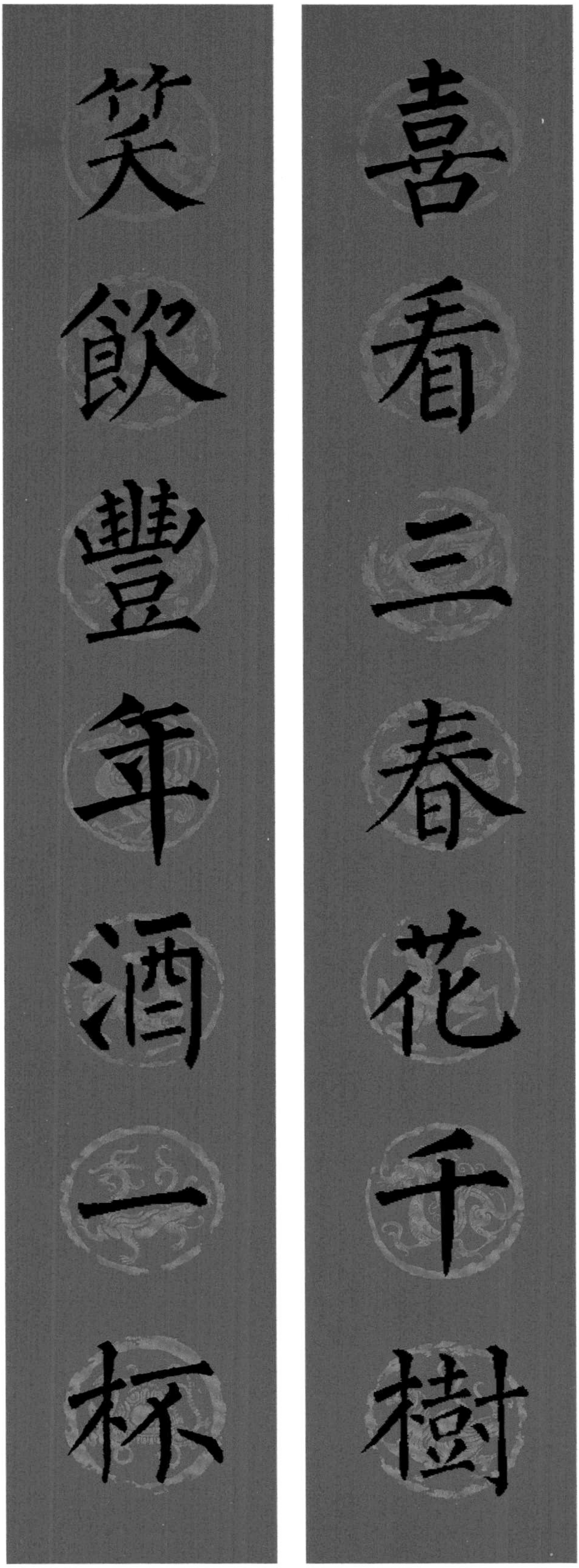
喜看三春花千樹
笑飲豐年酒一杯

喜看三春花千树
笑饮丰年酒一杯

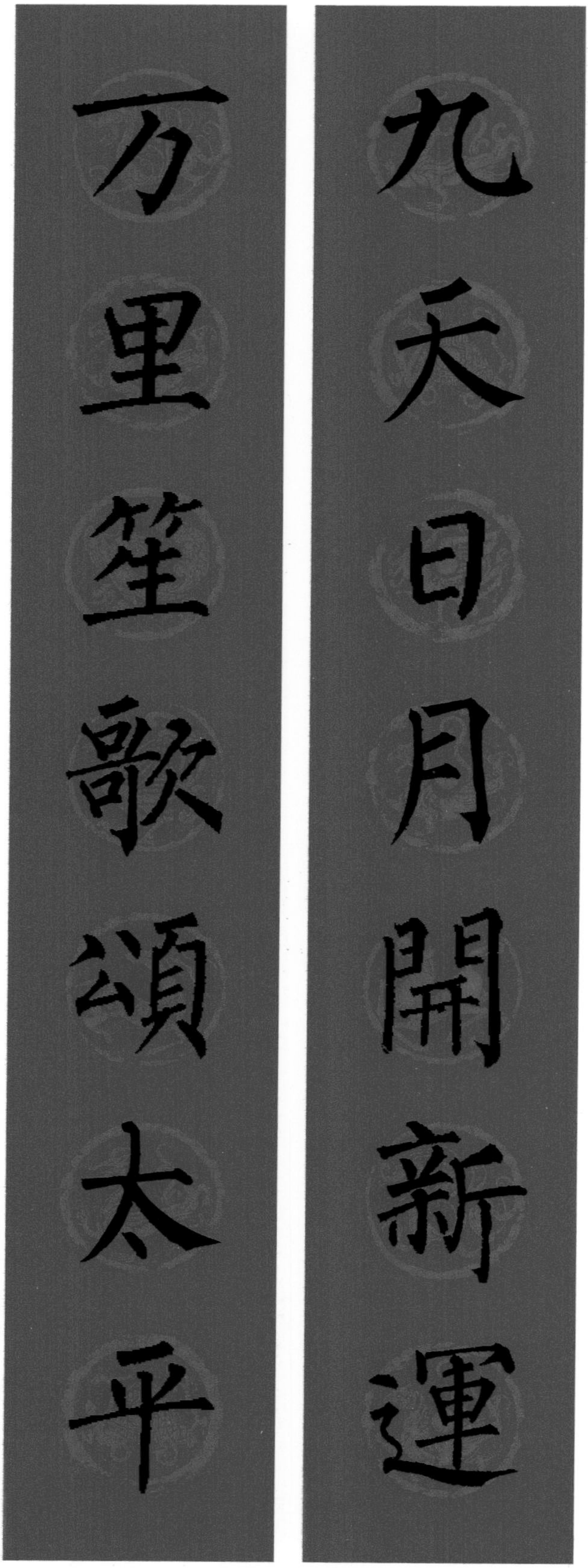
九天日月開新運
万里笙歌頌太平

九天日月开新运
万里笙歌颂太平

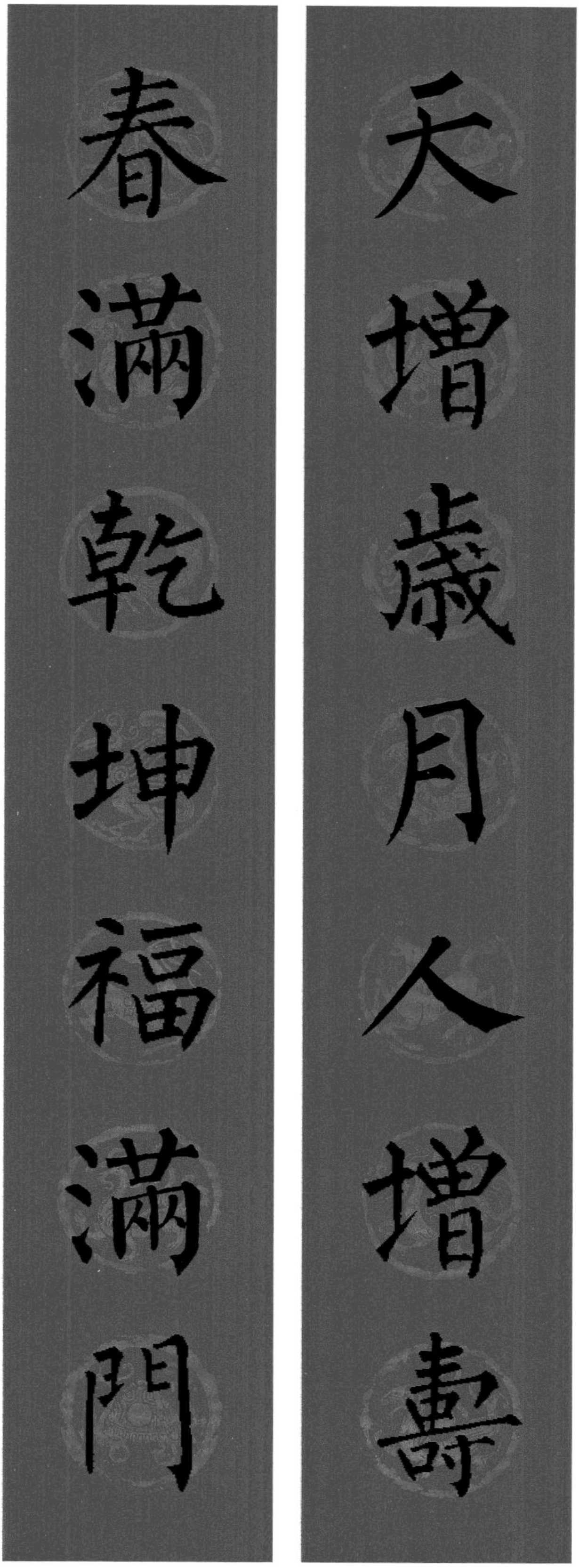
天增歲月人增壽
春滿乾坤福滿門

天增岁月人增寿
春满乾坤福满门

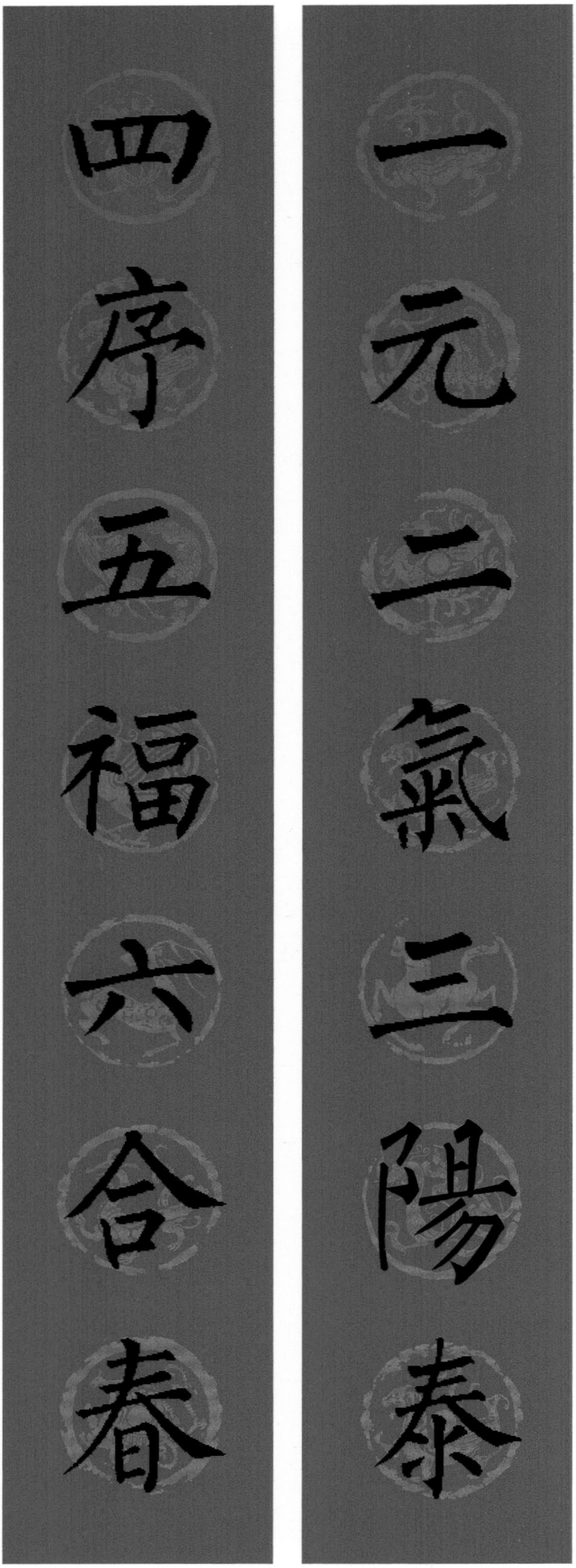

一元二气三阳泰
四序五福六合春

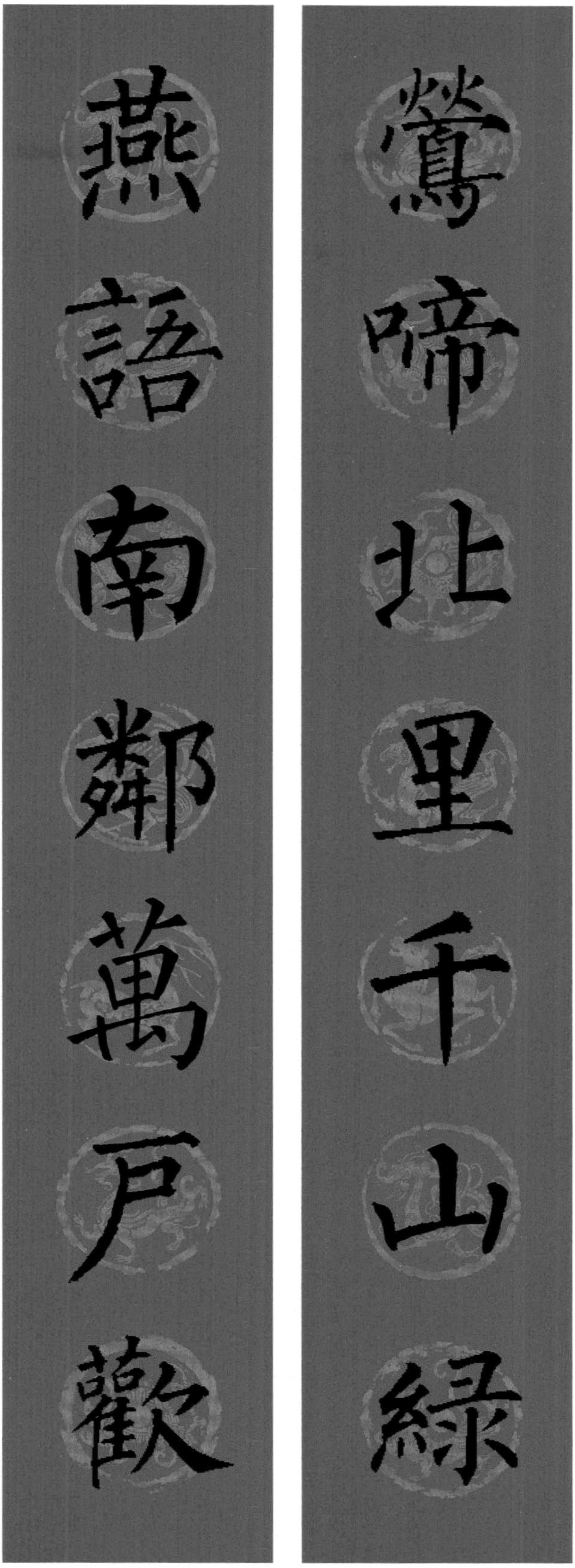

莺啼北里千山绿
燕语南邻万户欢

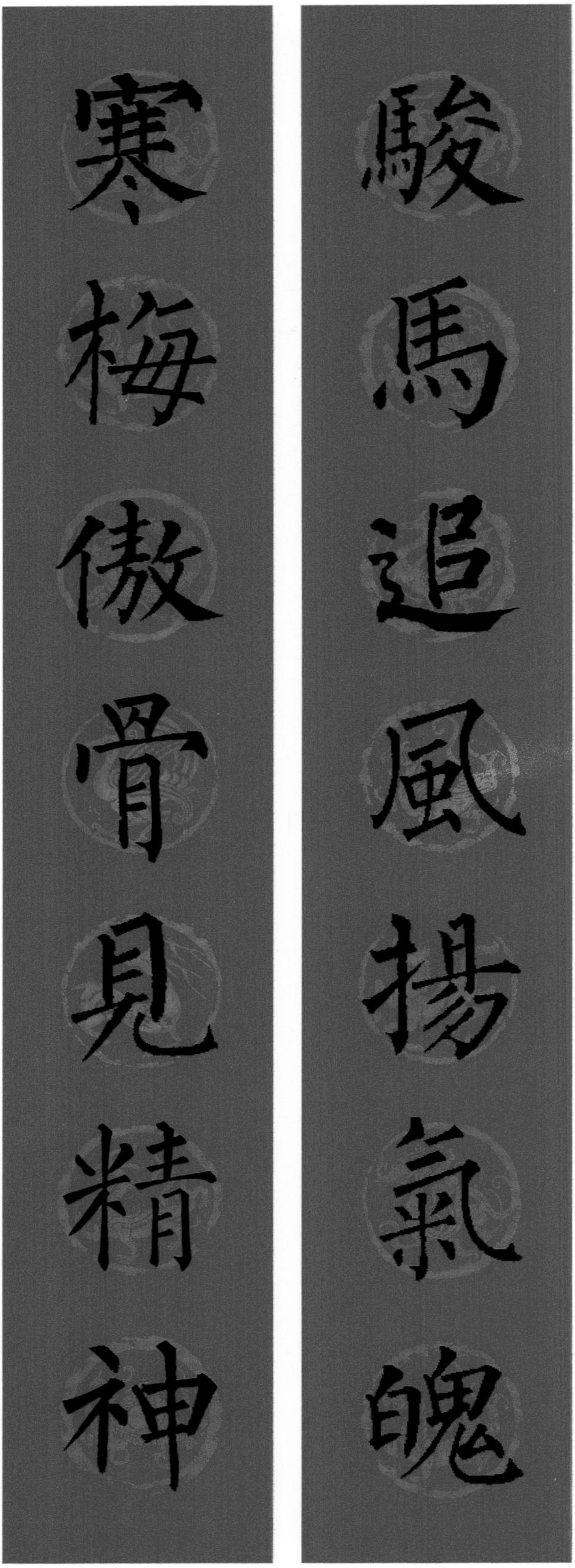

骏马追风扬气魄
寒梅傲骨见精神

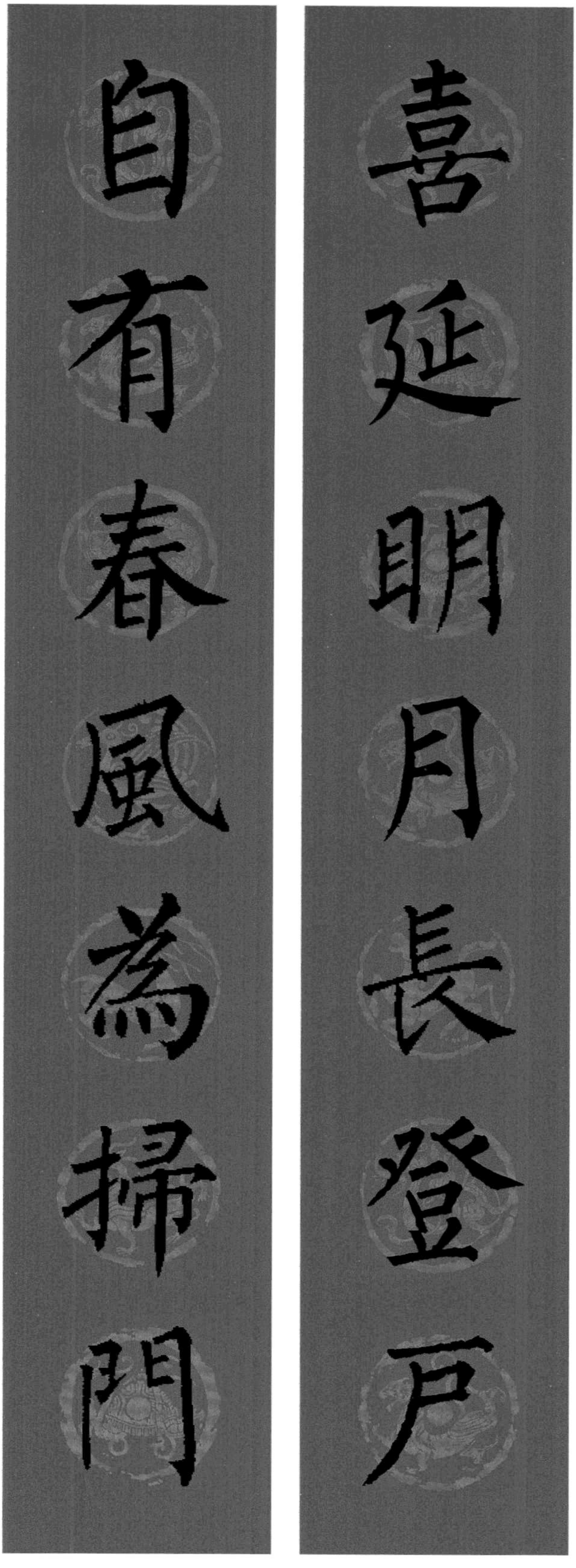

喜延明月长登户
自有春风为扫门

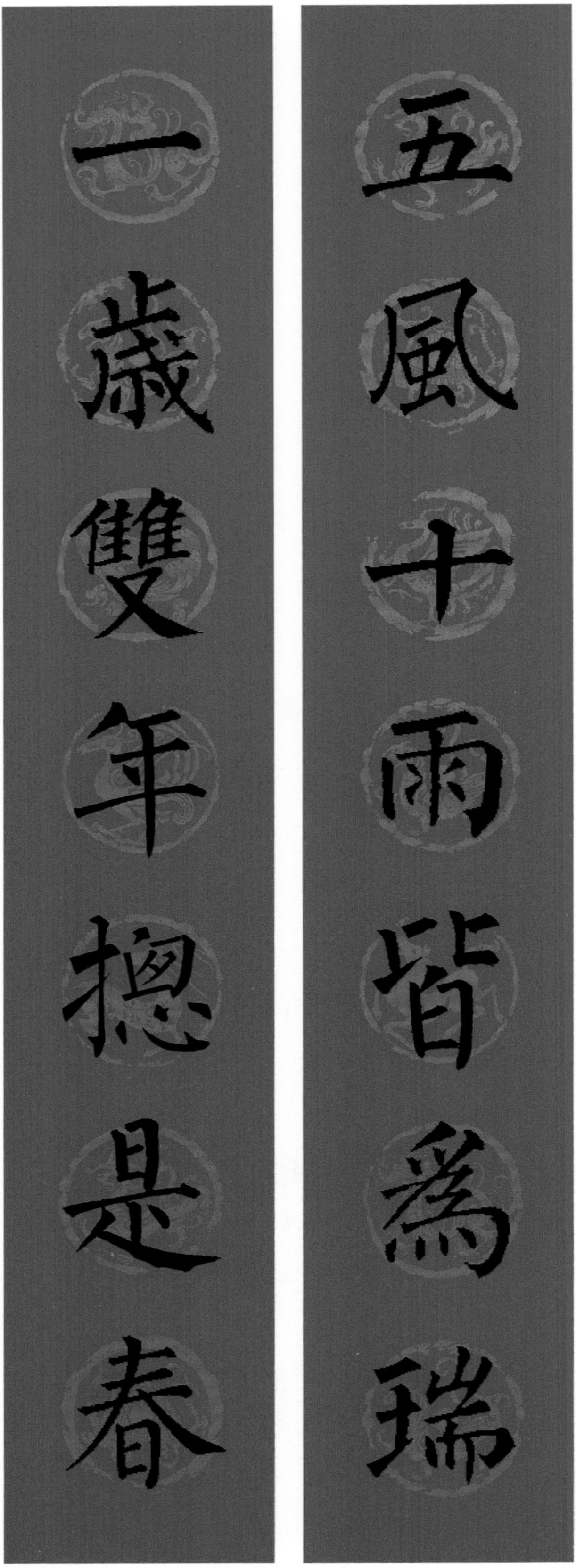

五风十雨皆为瑞
一岁双年总是春

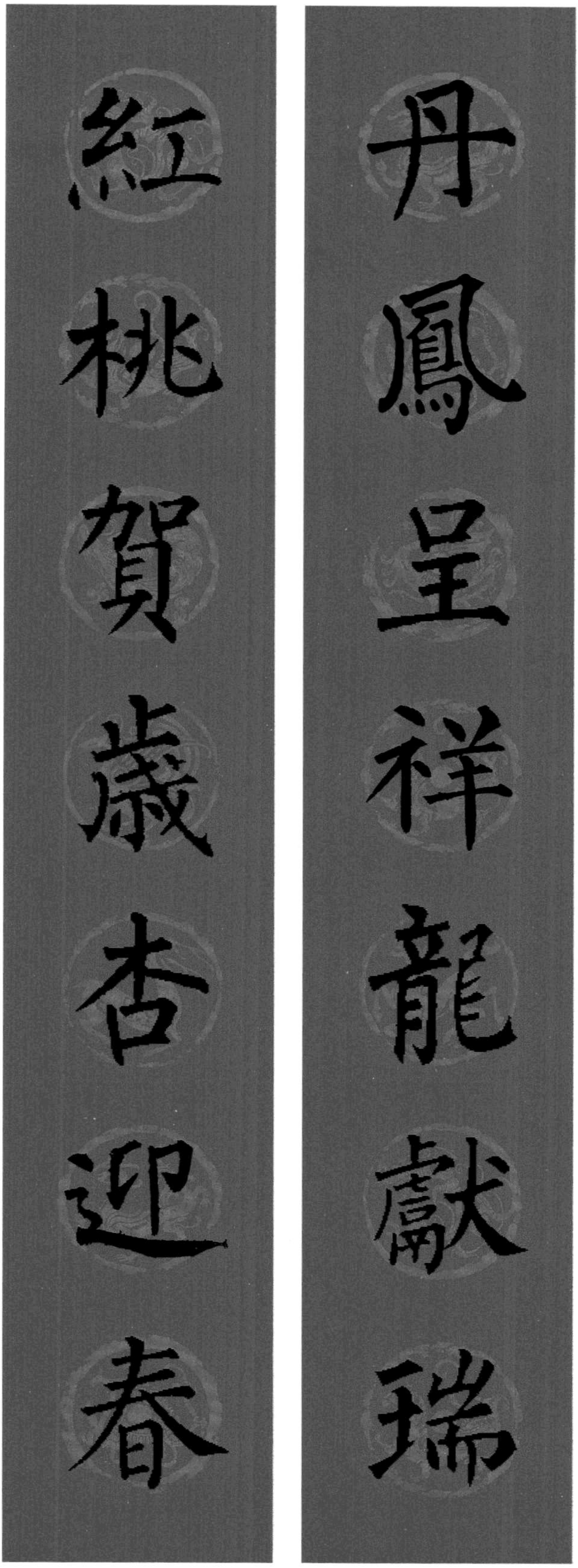

丹凤呈祥龙献瑞
红桃贺岁杏迎春

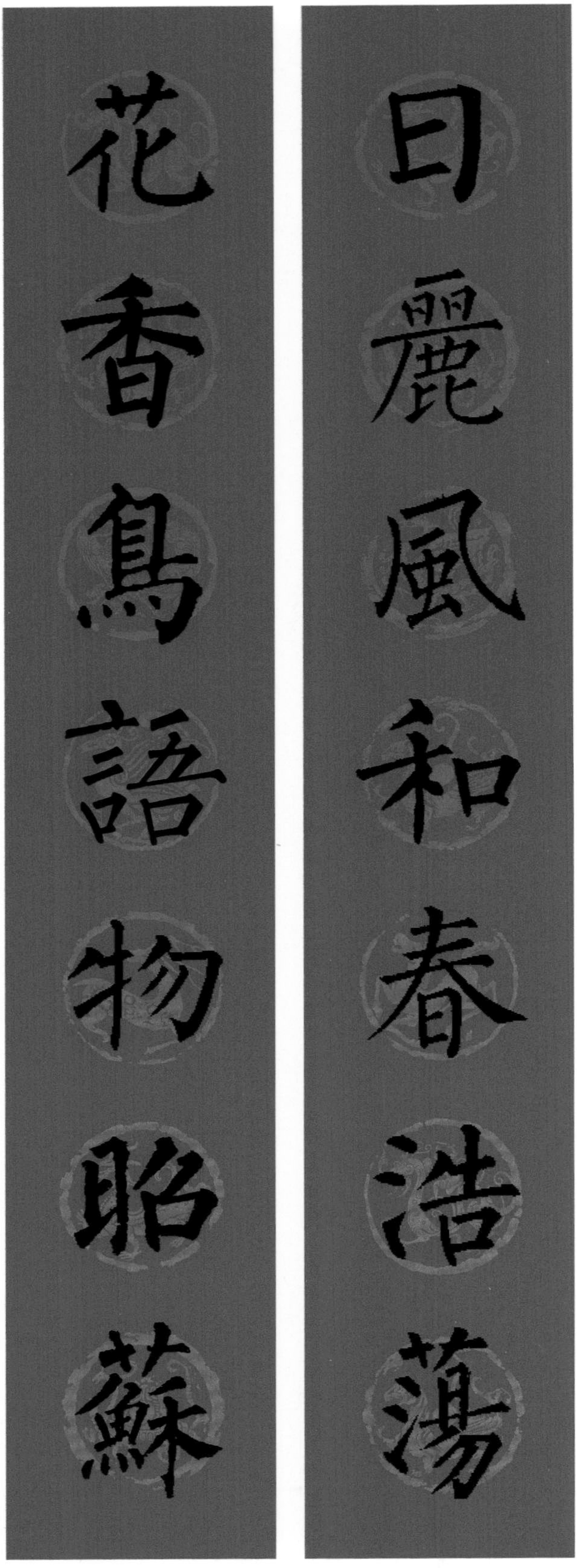
日麗風和春浩蕩
花香鳥語物昭蘇

日丽风和春浩荡
花香鸟语物昭苏

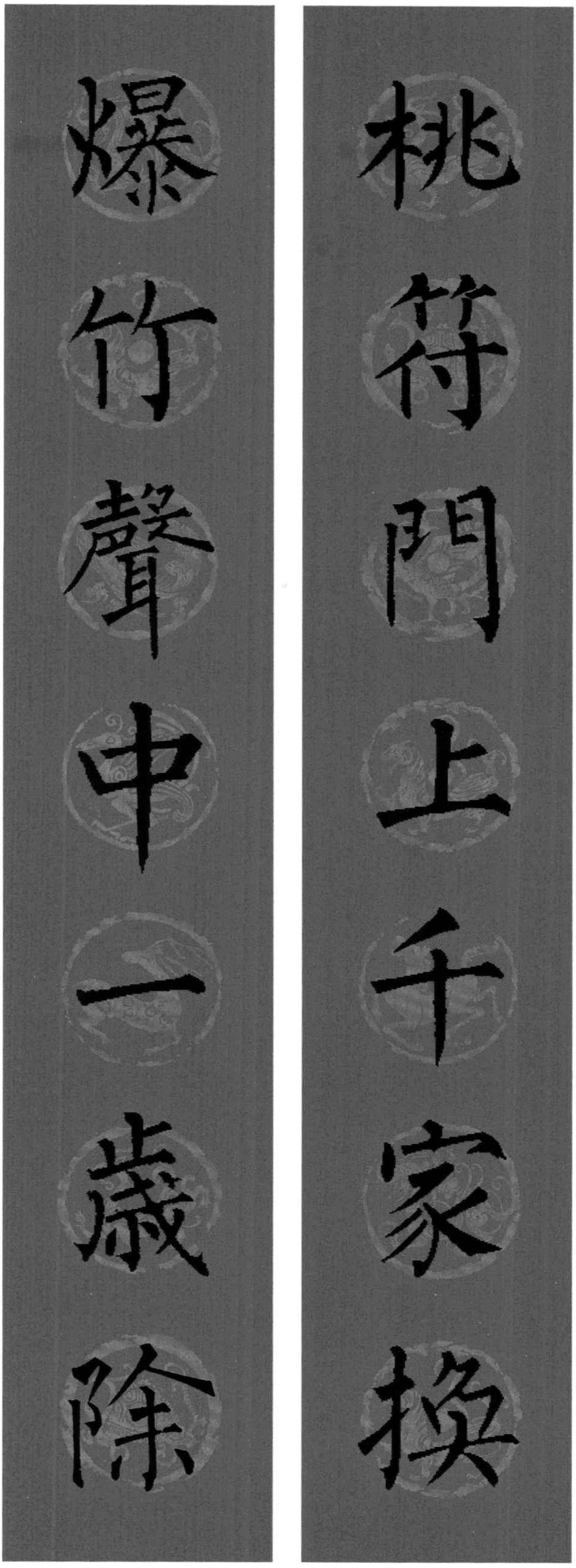

桃符门上千家换
爆竹声中一岁除

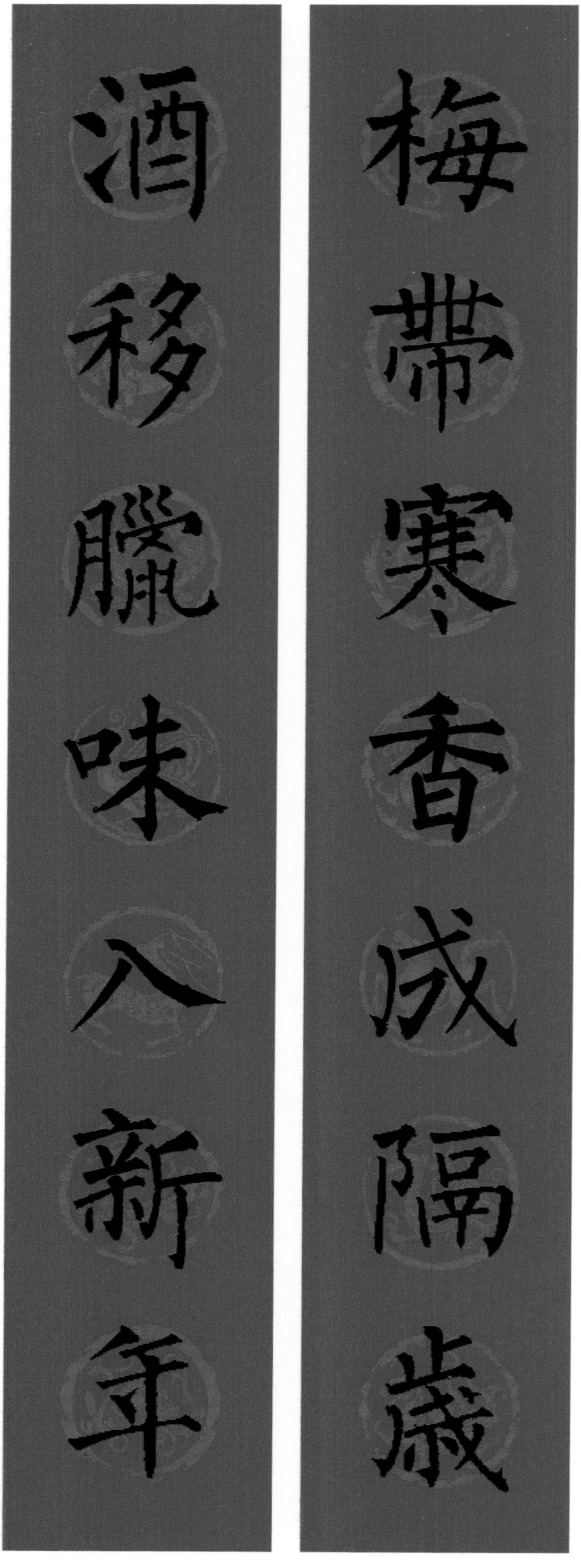

梅带寒香成隔岁
酒移腊味入新年

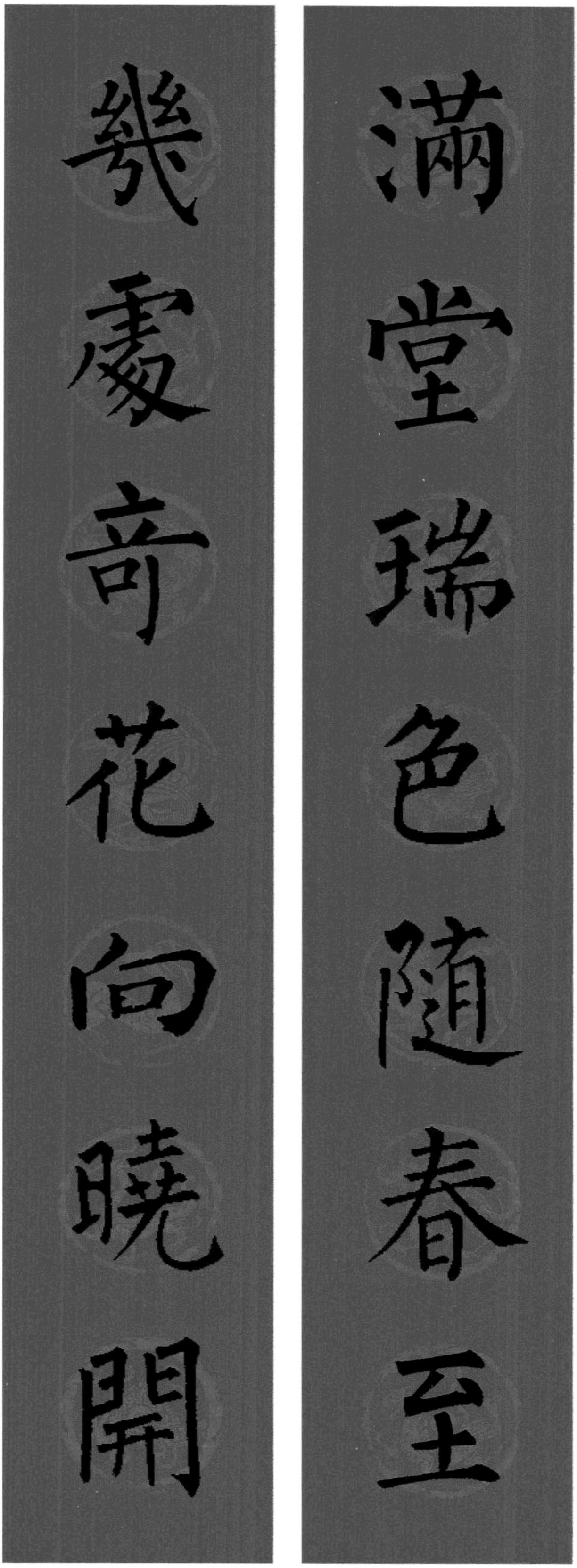

满堂瑞色随春至
几处奇花向晓开

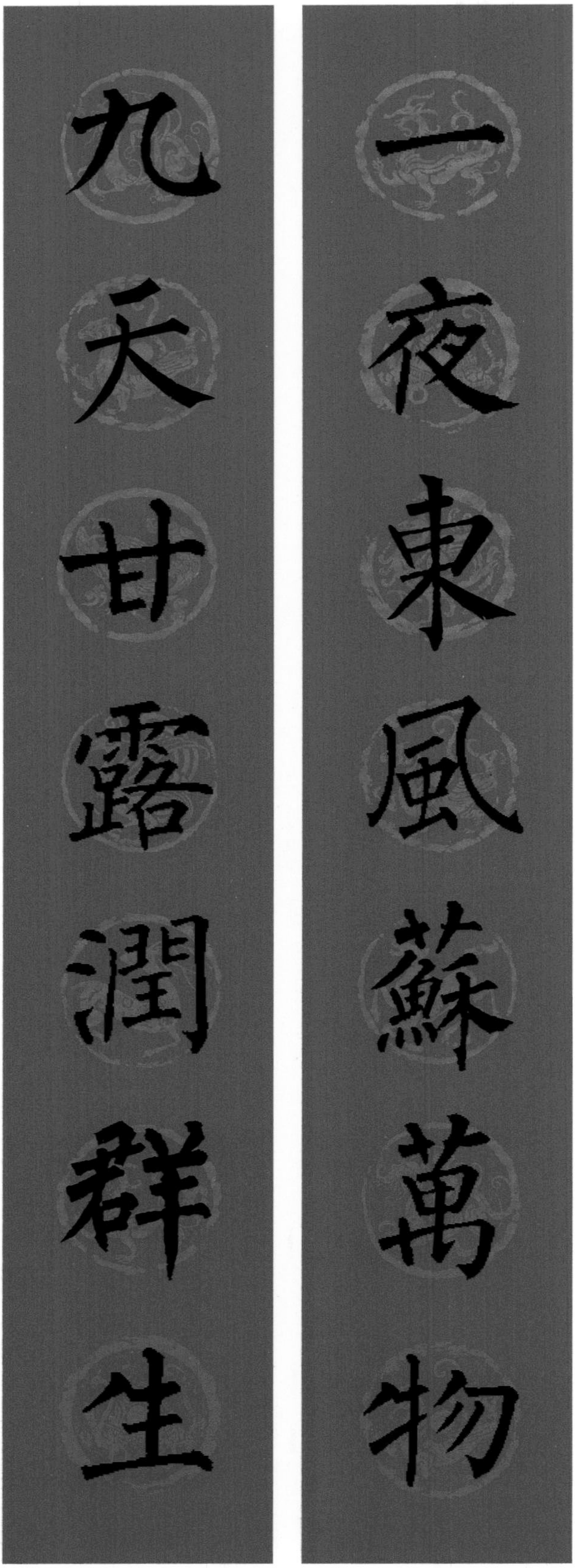

一夜东风苏万物
九天甘露润群生

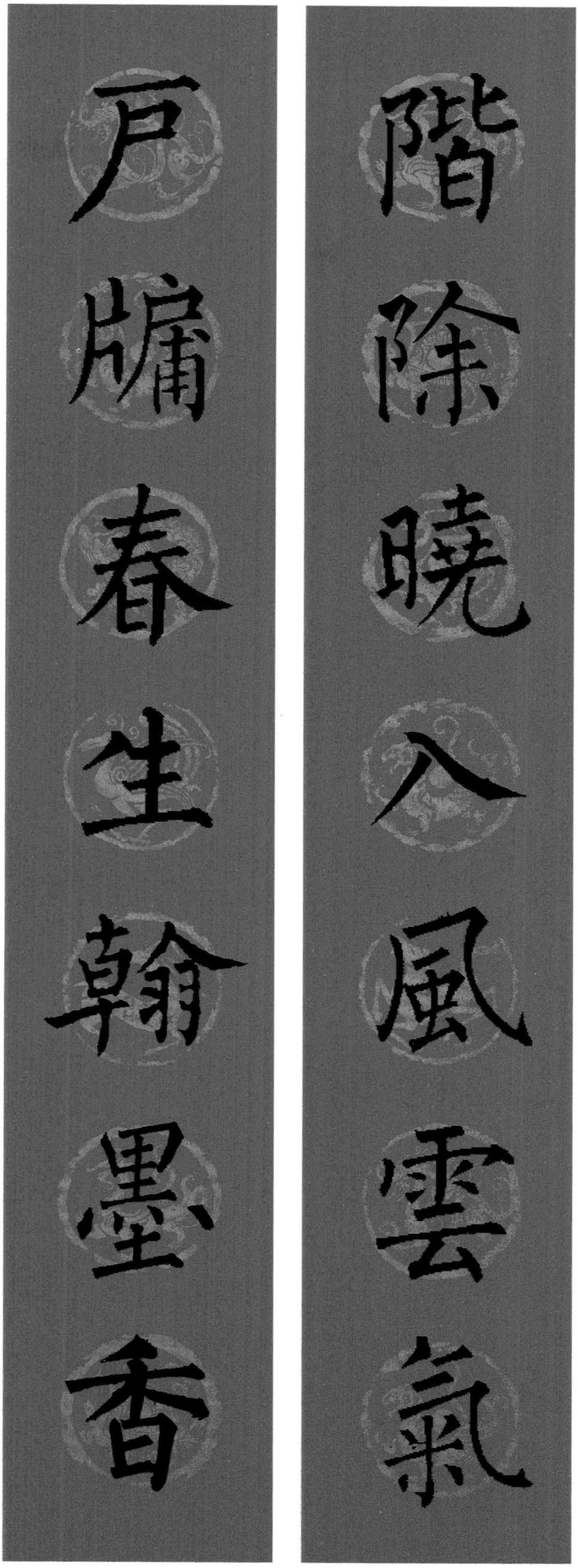
階除曉入風雲氣
戶牖春生翰墨香

阶除晓入风云气

户牖春生翰墨香

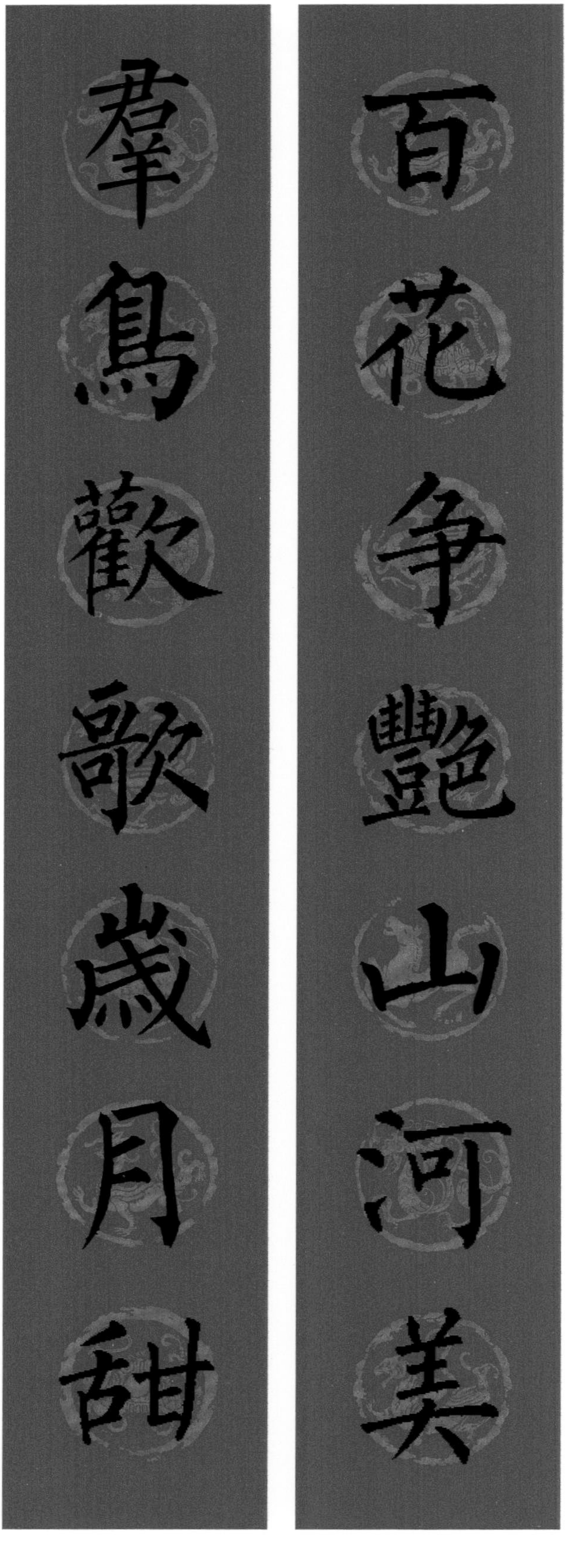

百花争艳山河美
群鸟欢歌岁月甜

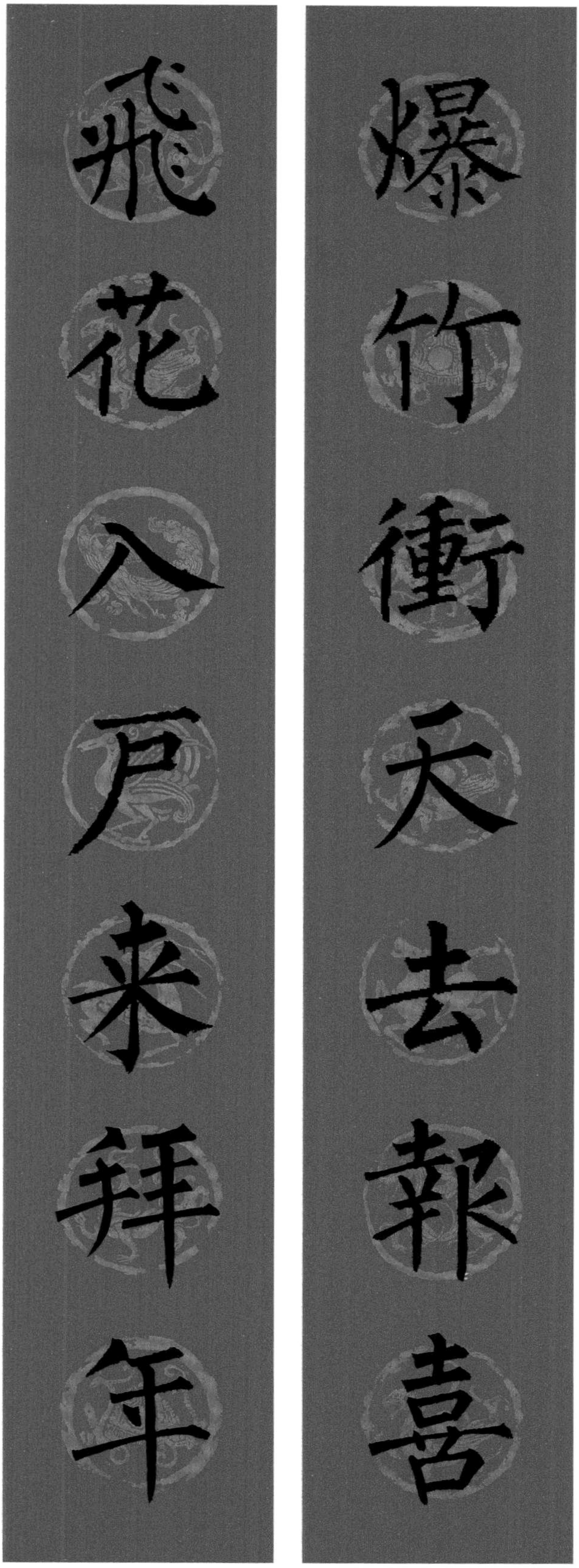

爆竹冲天去报喜
飞花入户来拜年

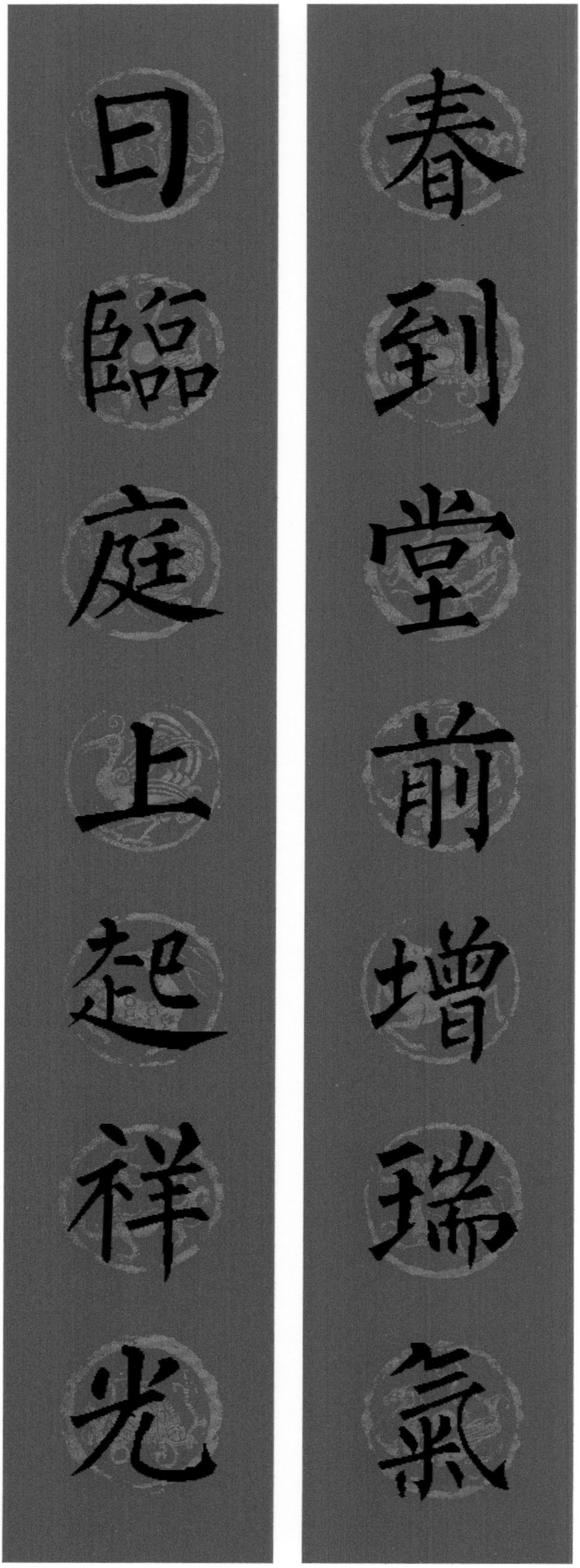

春到堂前增瑞气
日临庭上起祥光

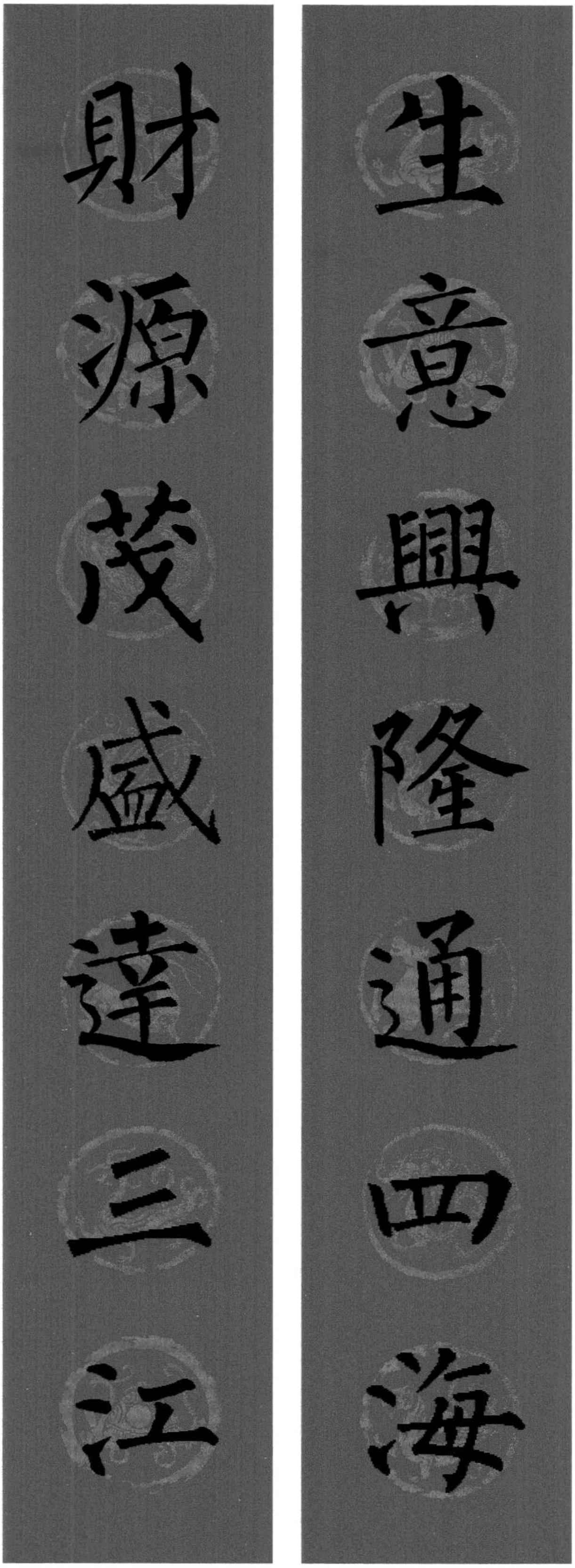

生意兴隆通四海
财源茂盛达三江

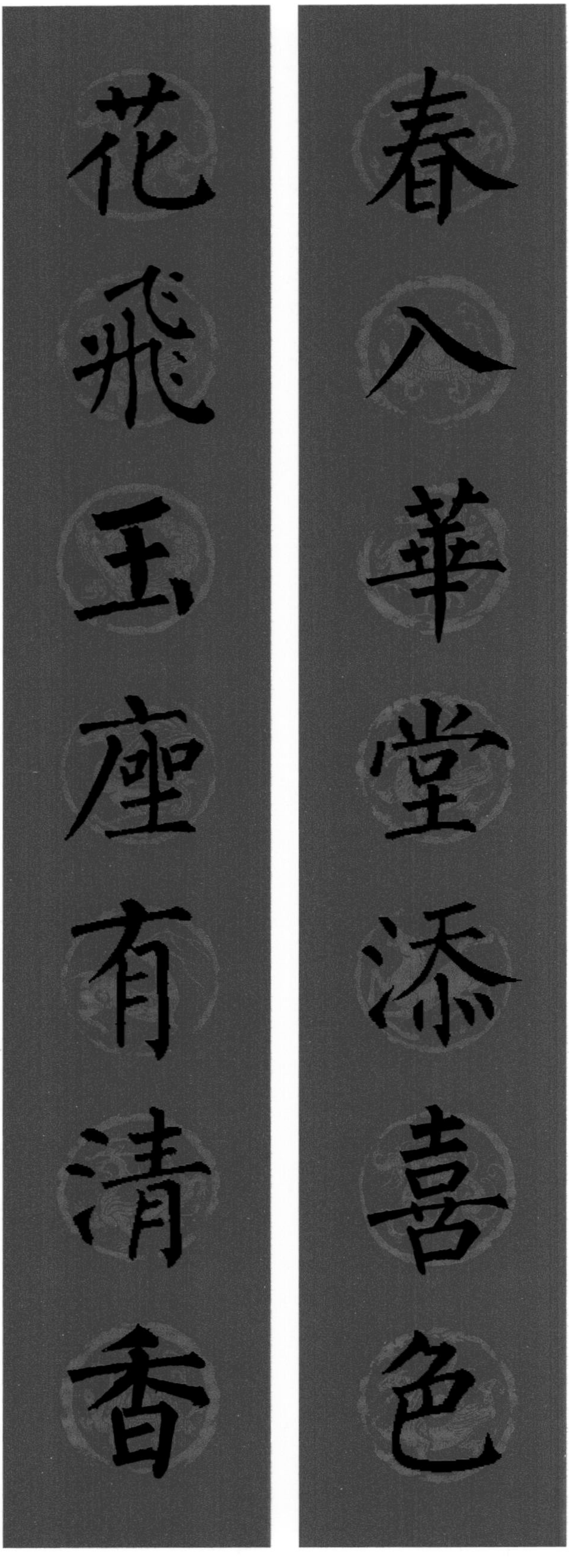
春入華堂添喜色
花飛玉座有清香

春入华堂添喜色
花飞玉座有清香

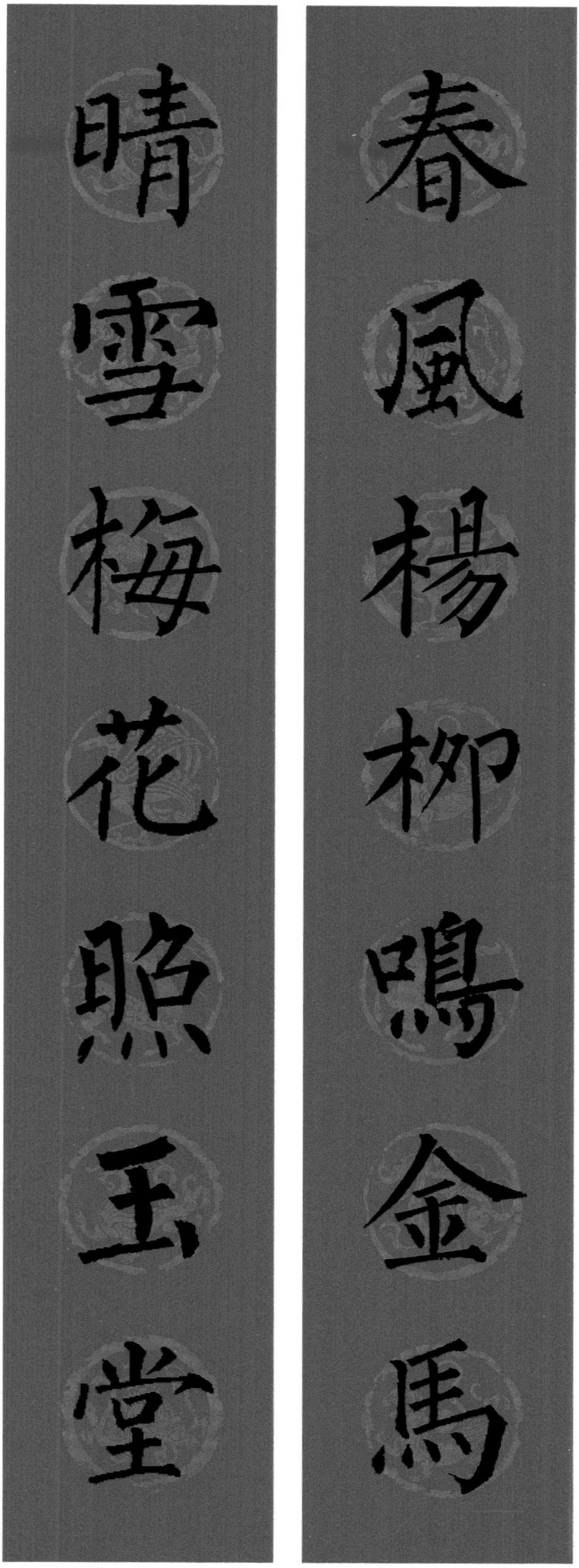
春風楊柳鳴金馬
晴雪梅花照玉堂

春风杨柳鸣金马
晴雪梅花照玉堂

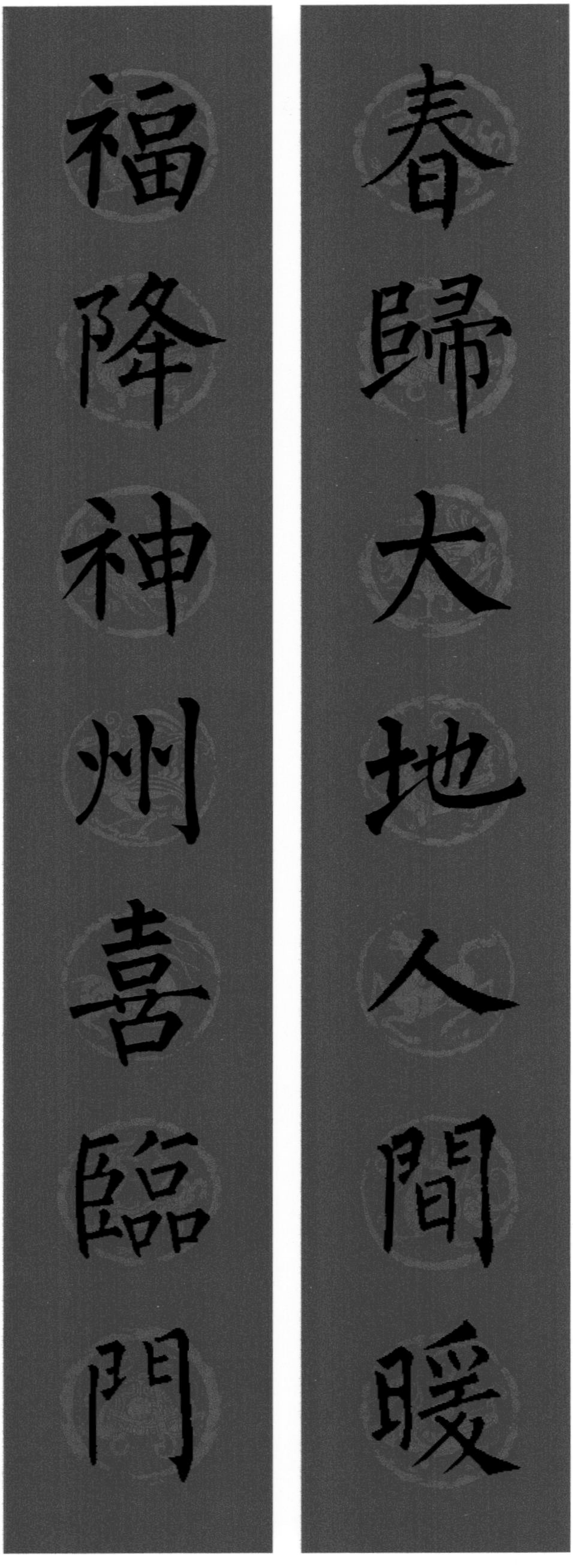

春归大地人间暖
福降神州喜临门

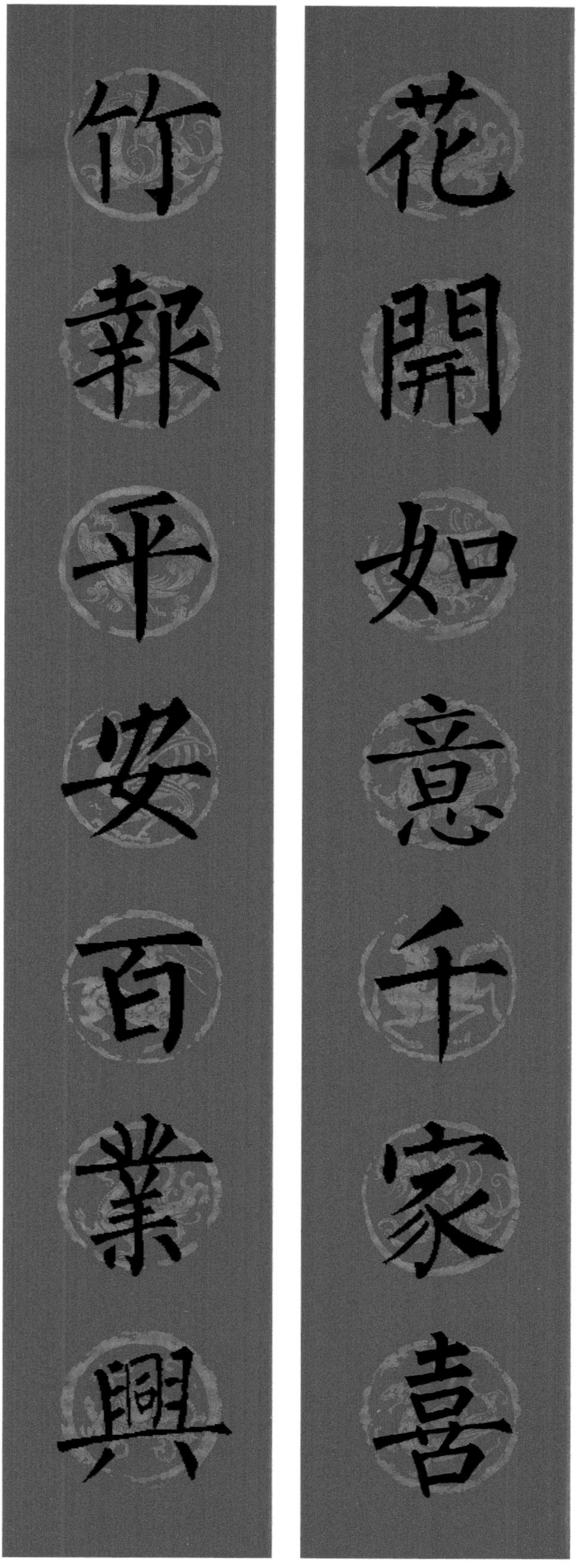

花开如意千家喜
竹报平安百业兴

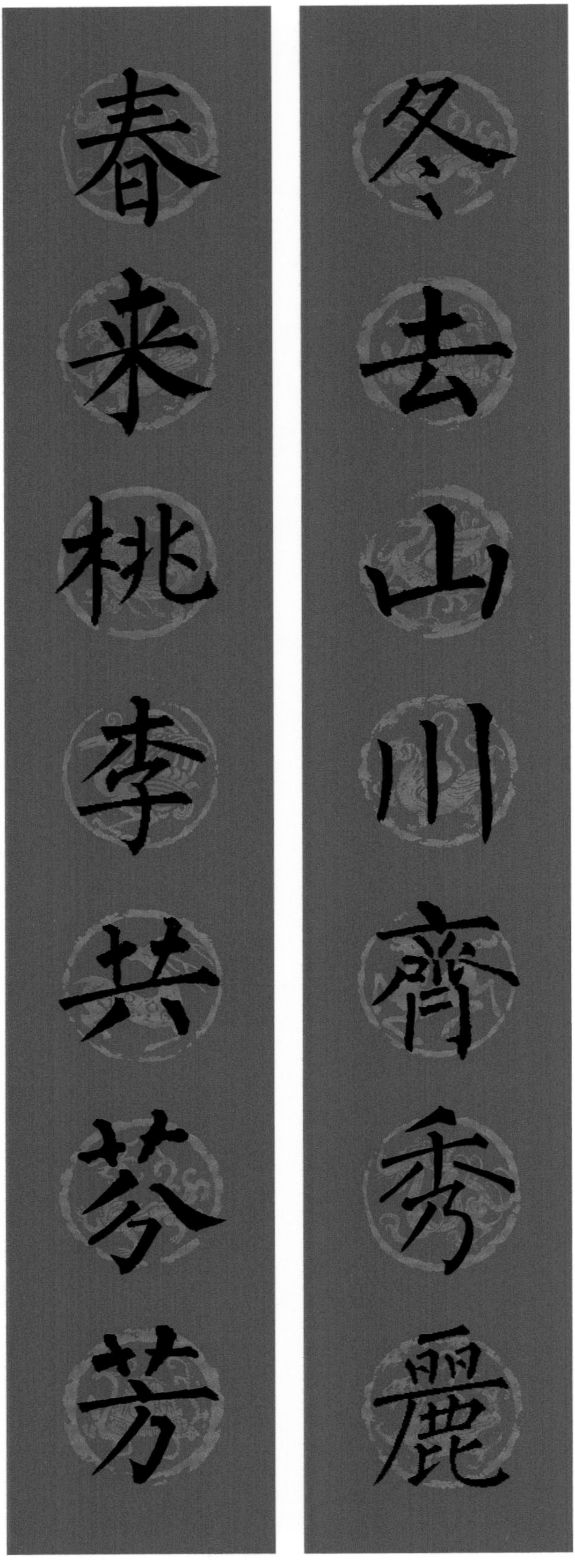

冬去山川齐秀丽
春来桃李共芬芳

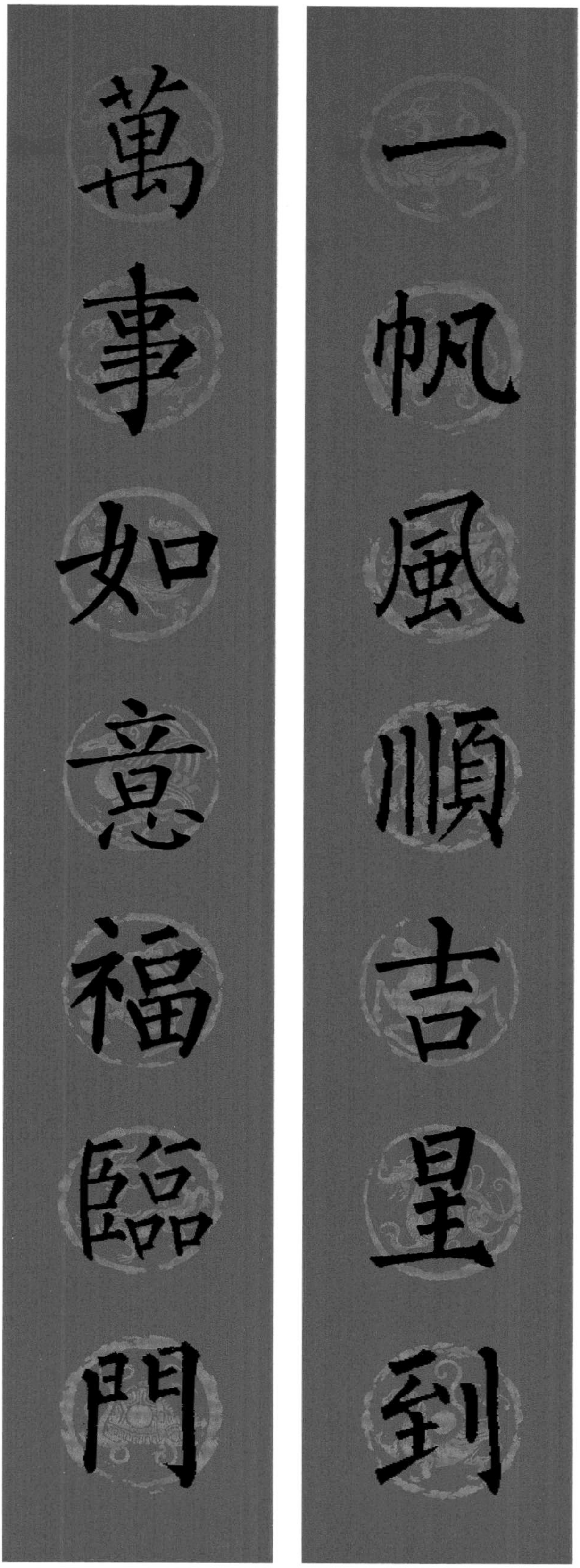

一帆风顺吉星到
万事如意福临门

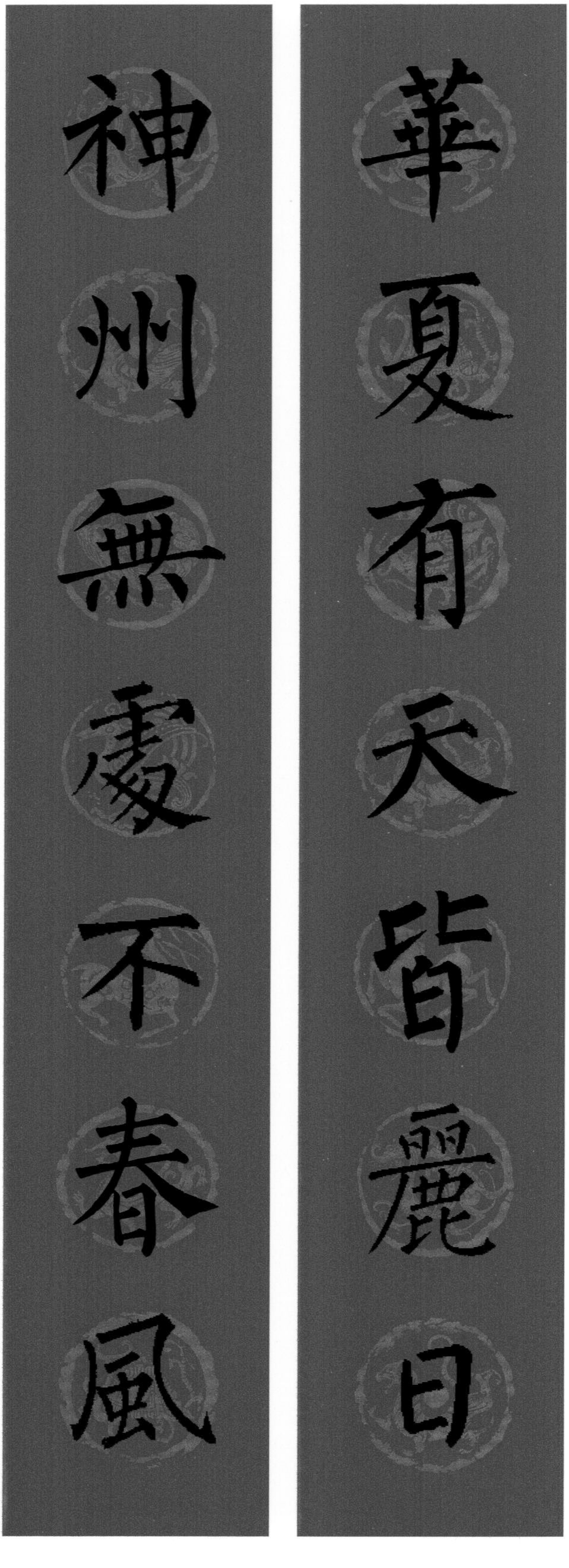

华夏有天皆丽日
神州无处不春风

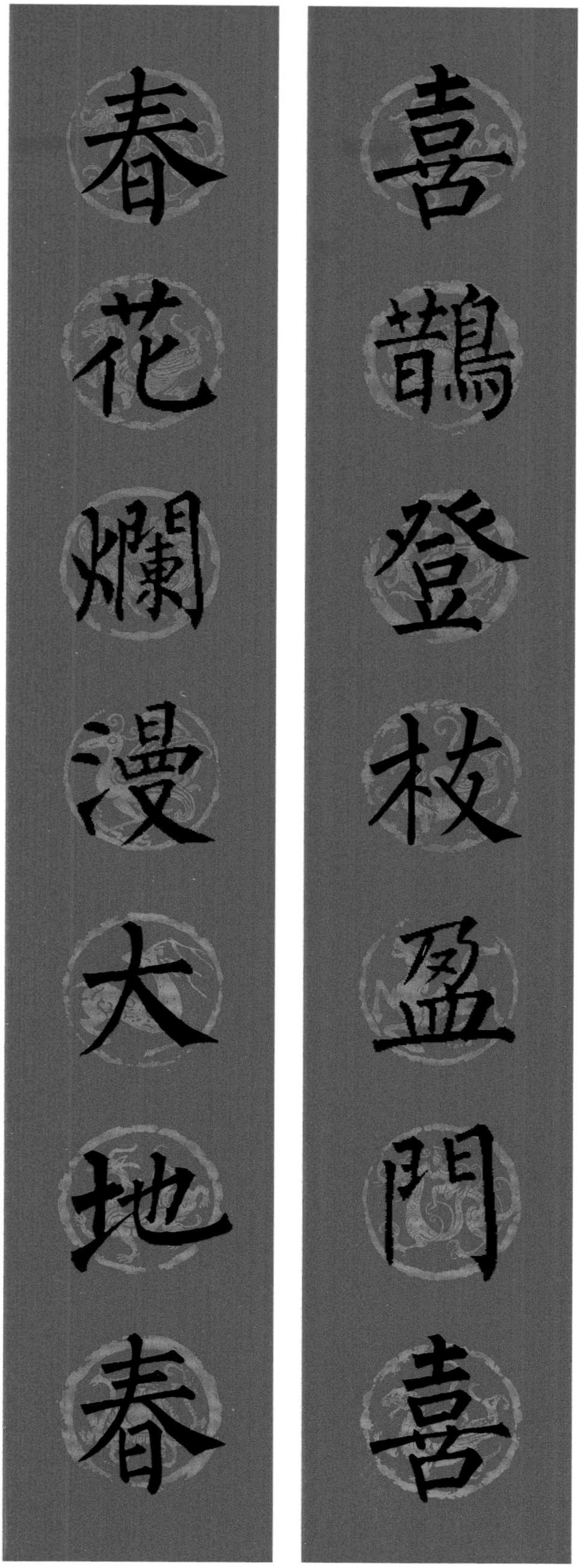

喜鹊登枝盈门喜
春花烂漫大地春

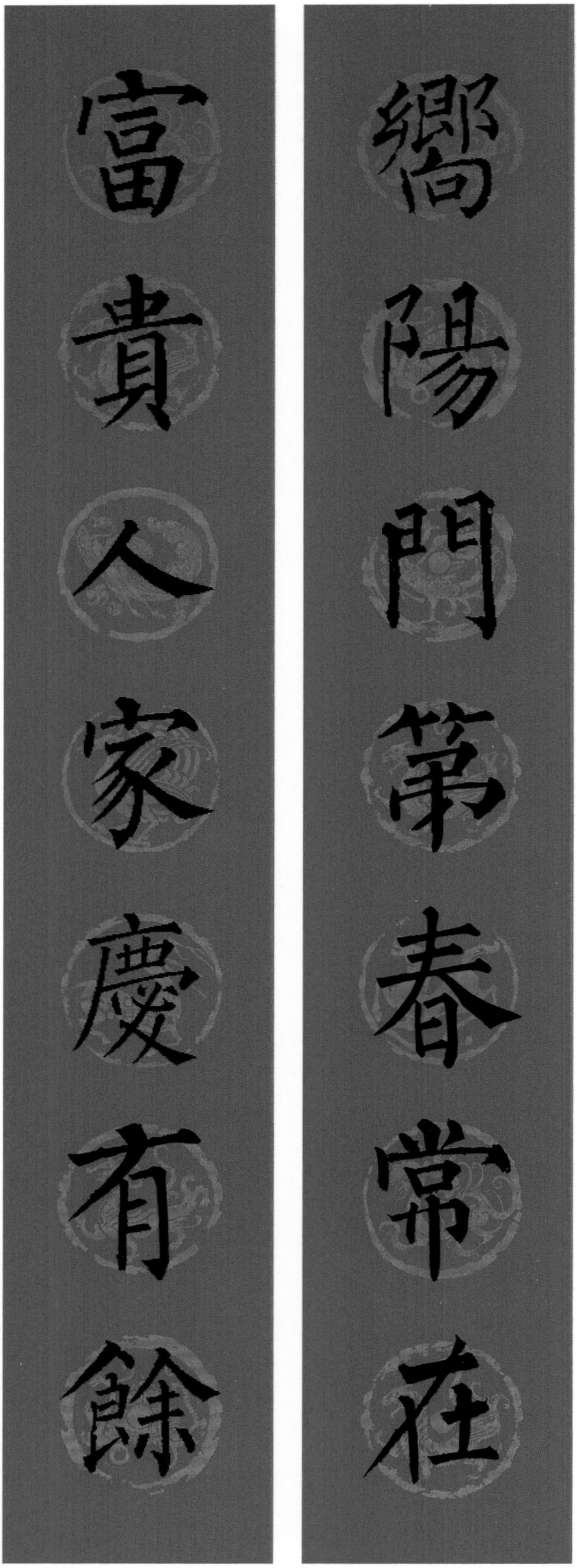

向阳门第春常在
富贵人家庆有余

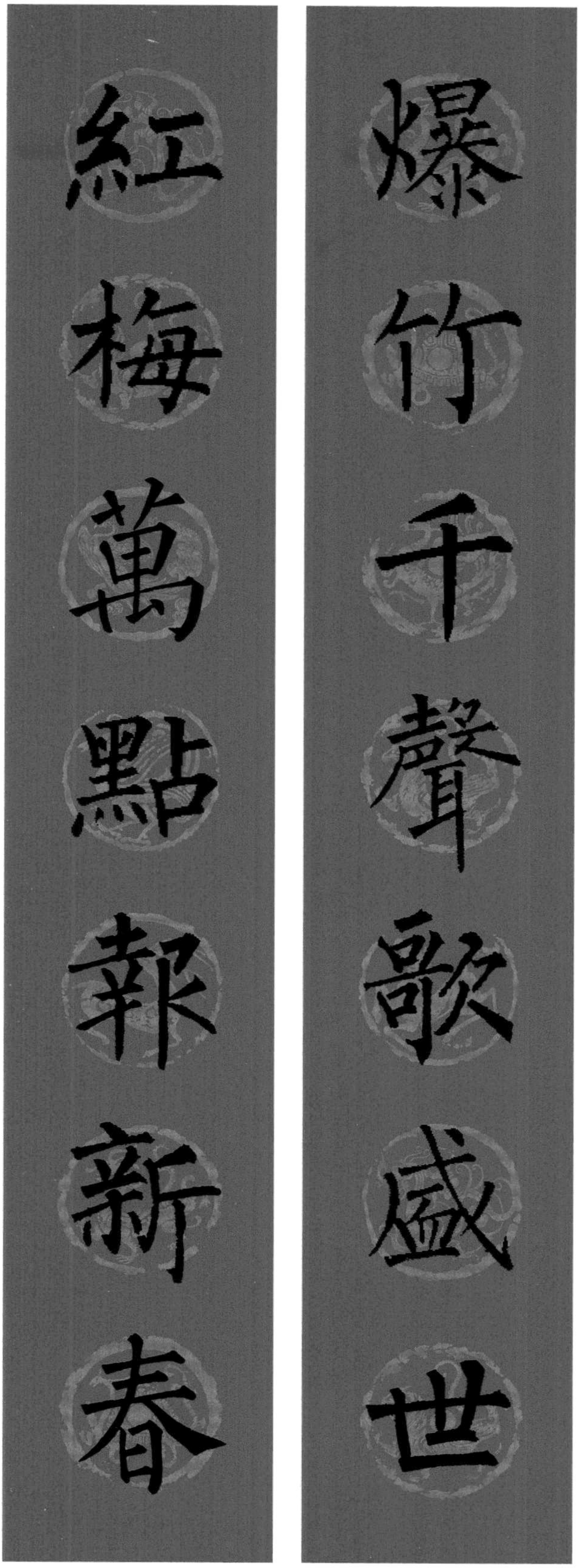

爆竹千声歌盛世
红梅万点报新春

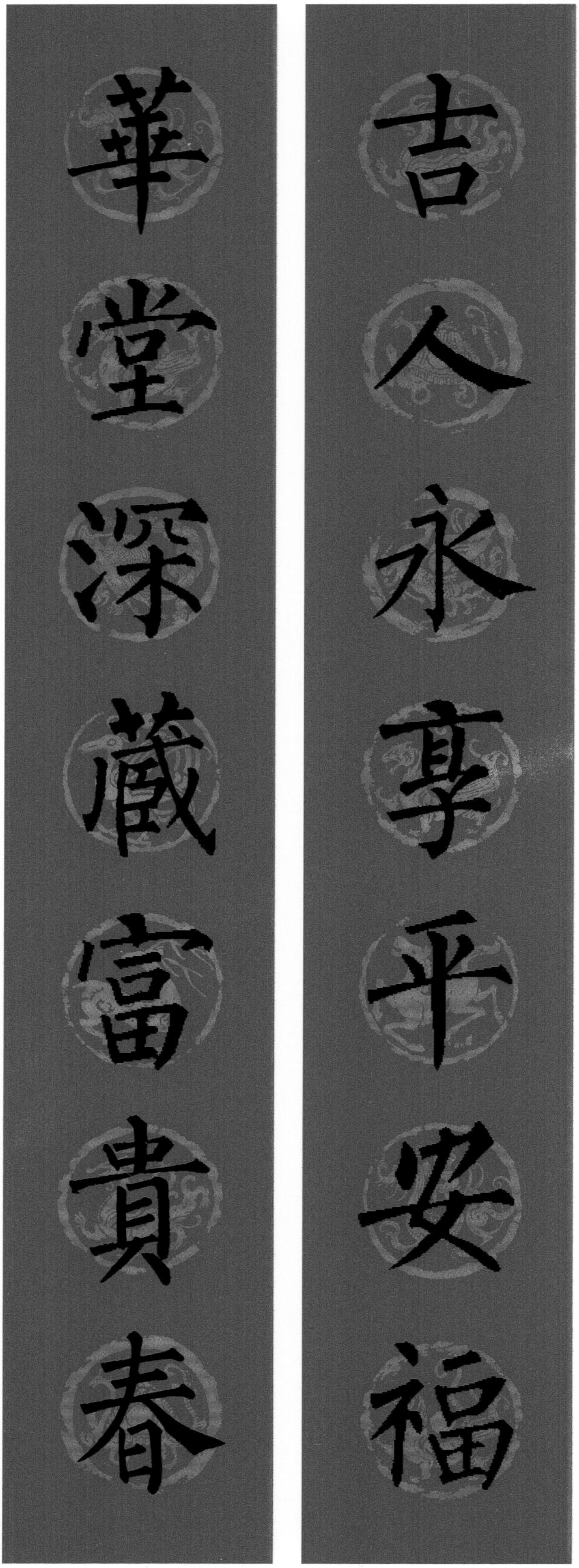

吉人永亨平安福
华堂深藏富贵春

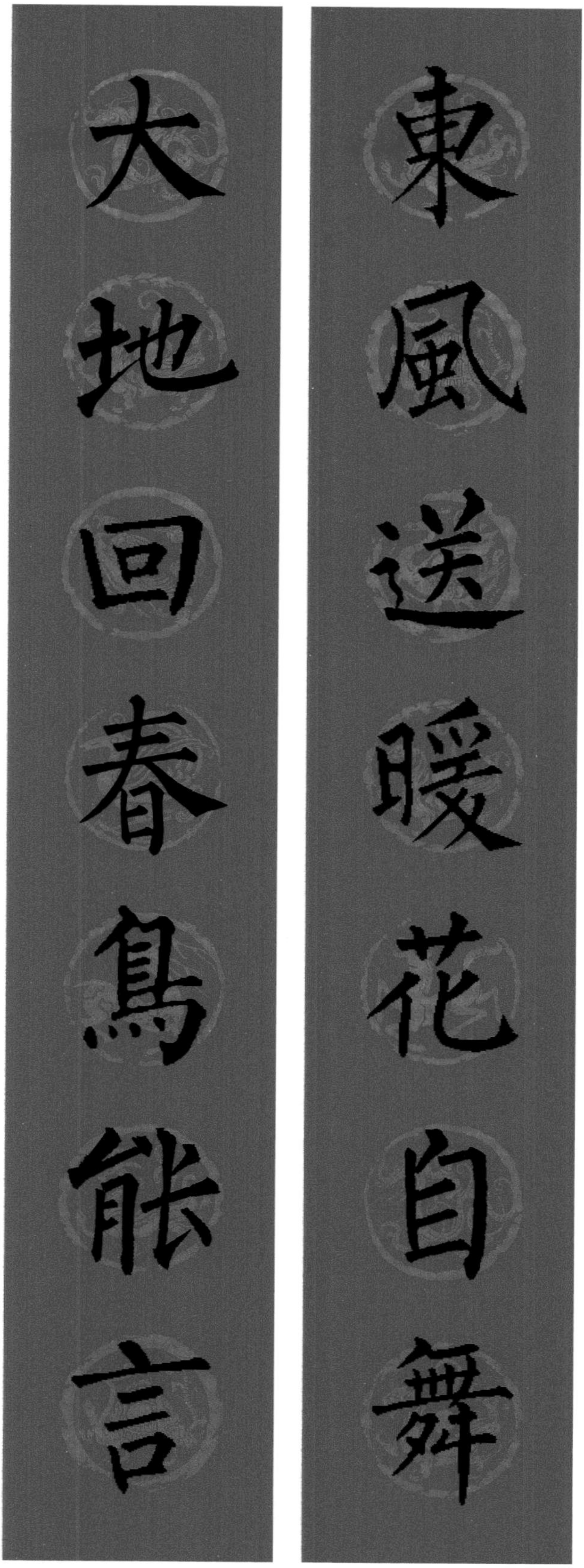
東風送暖花自舞
大地回春鳥能言

东风送暖花自舞
大地回春鸟能言

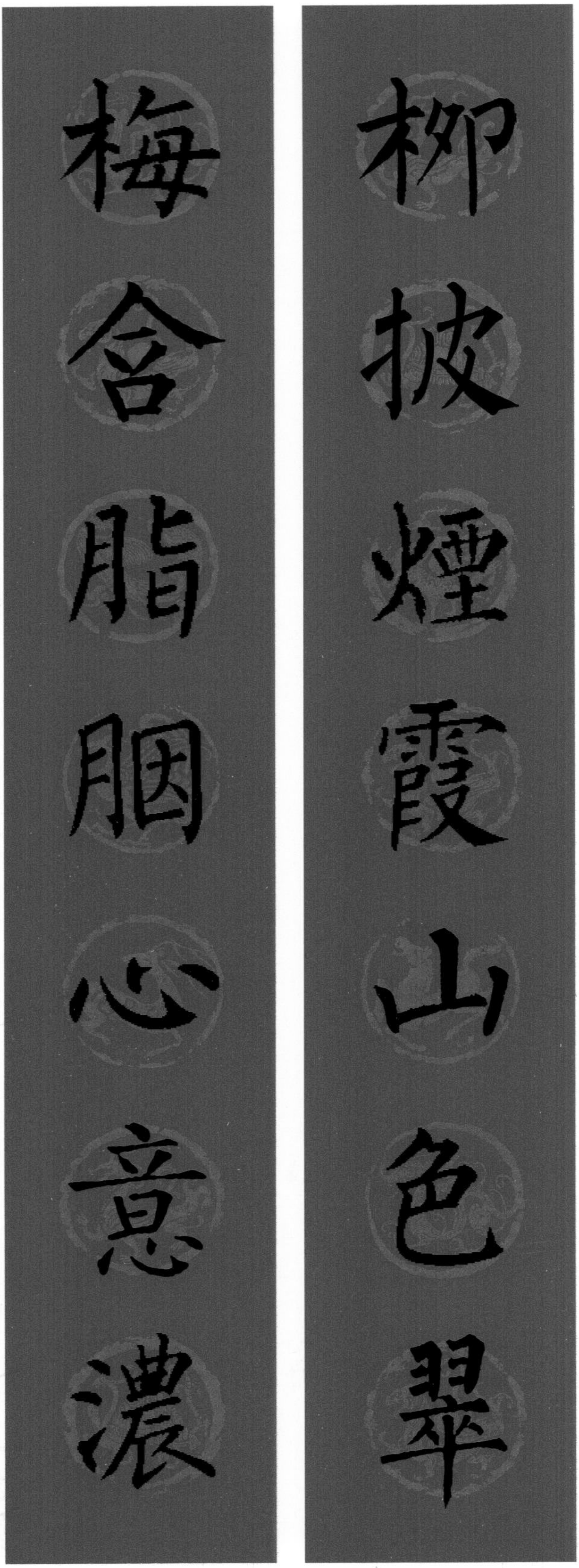

柳披烟霞山色翠
梅含脂胭心意浓

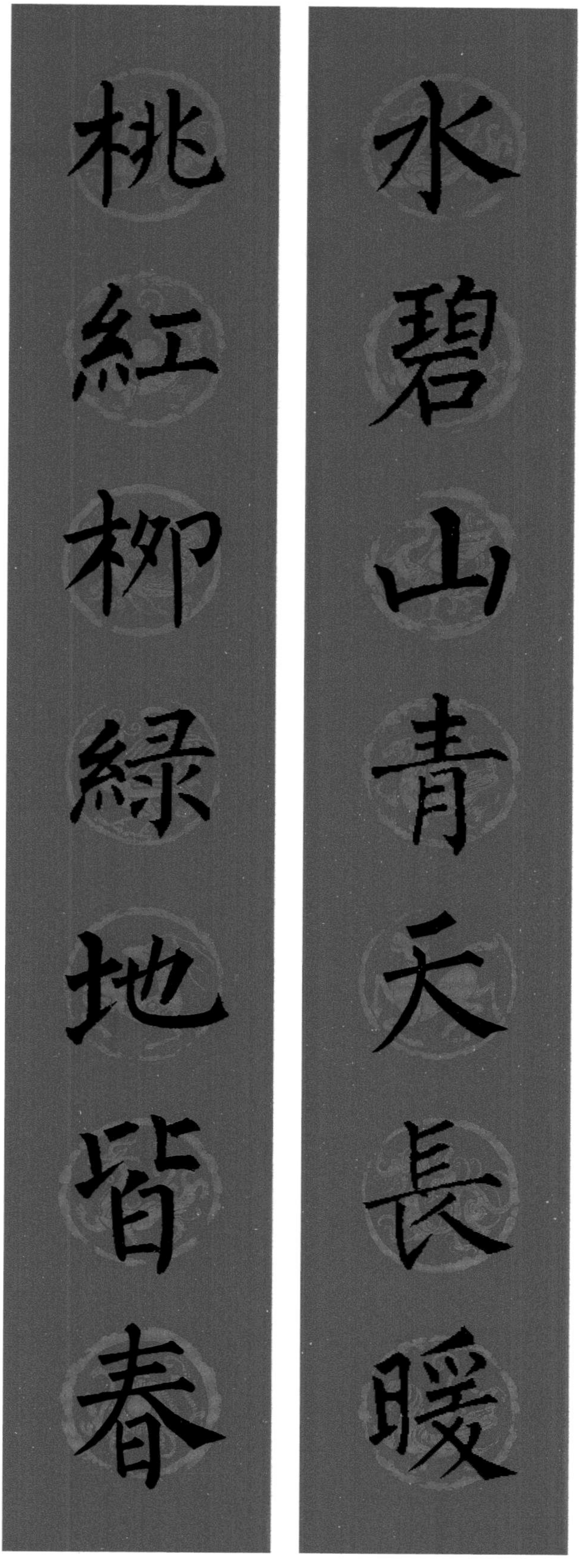
水碧山青天長暖
桃紅柳綠地皆春

水碧山青天长暖
桃红柳绿地皆春

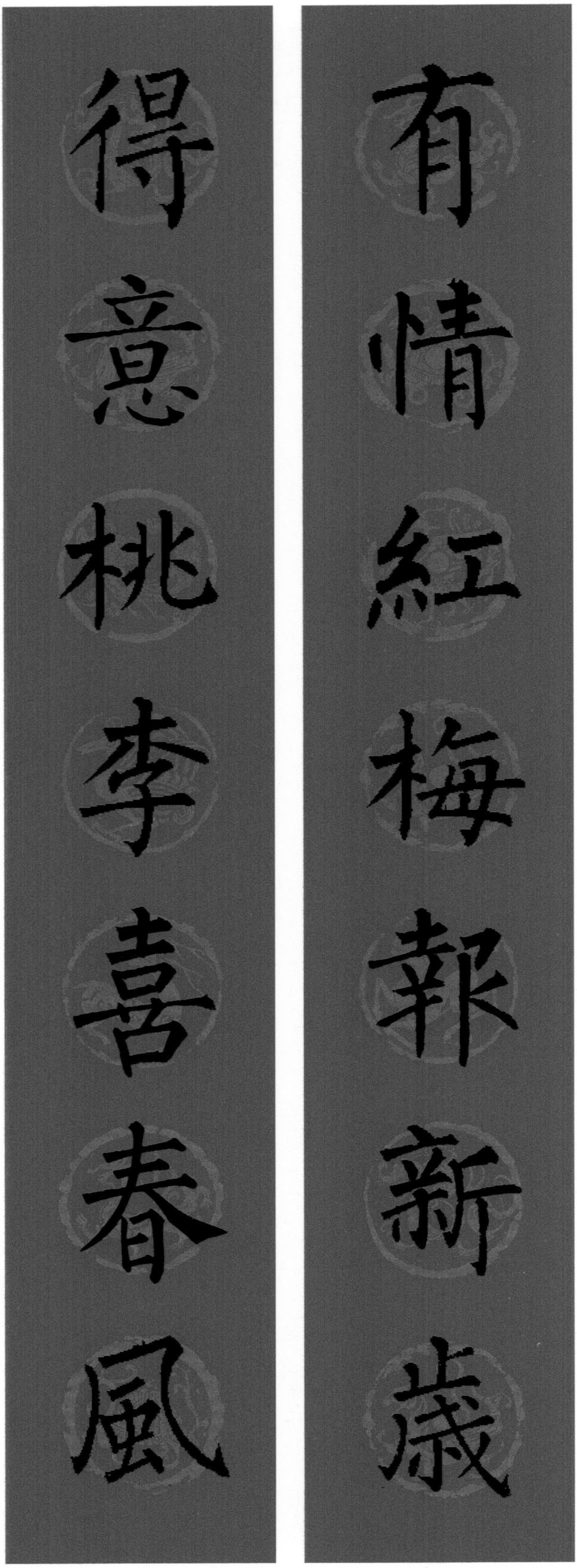

有情红梅报新岁
得意桃李喜春风

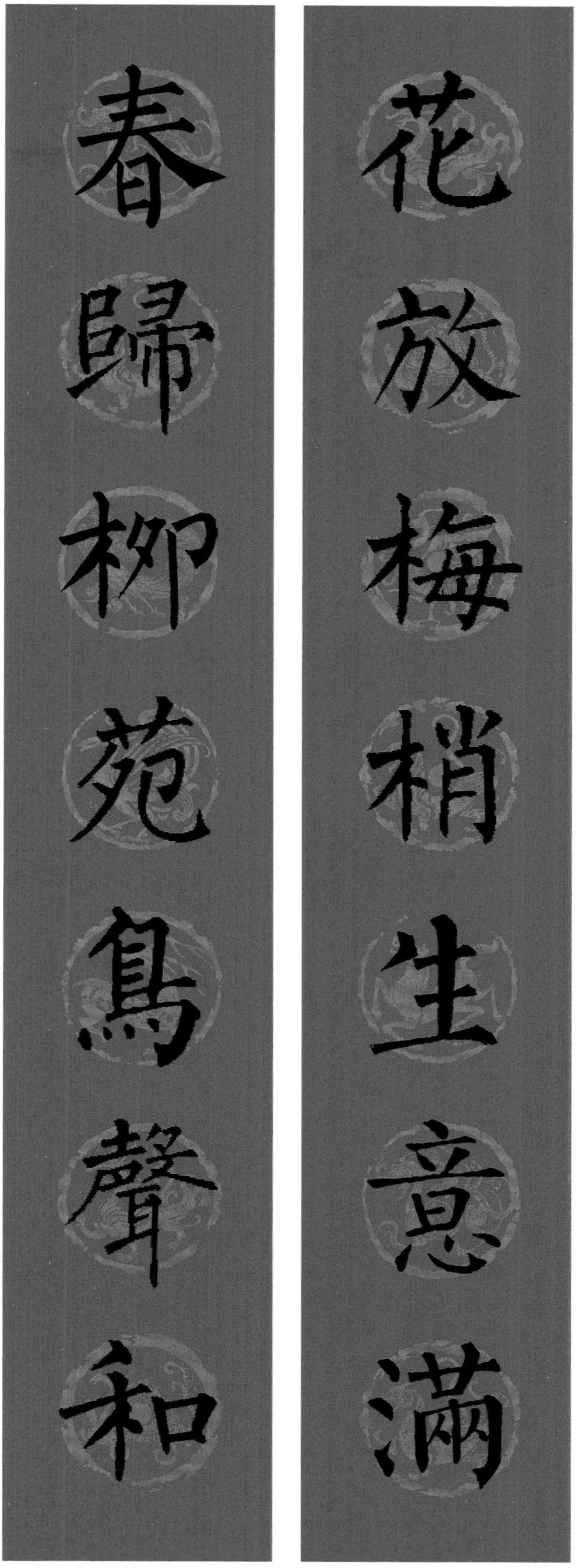

花放梅梢生意满
春归柳苑鸟声和

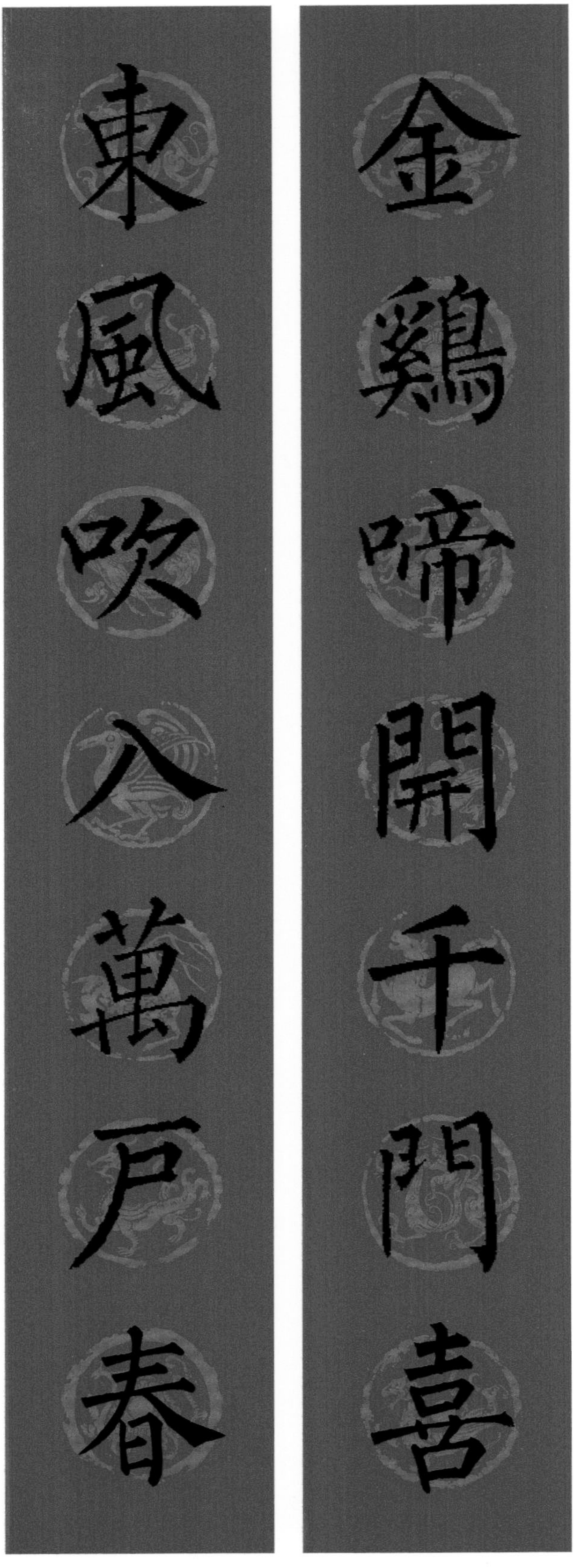

金鸡啼开千门喜
东风吹入万户春

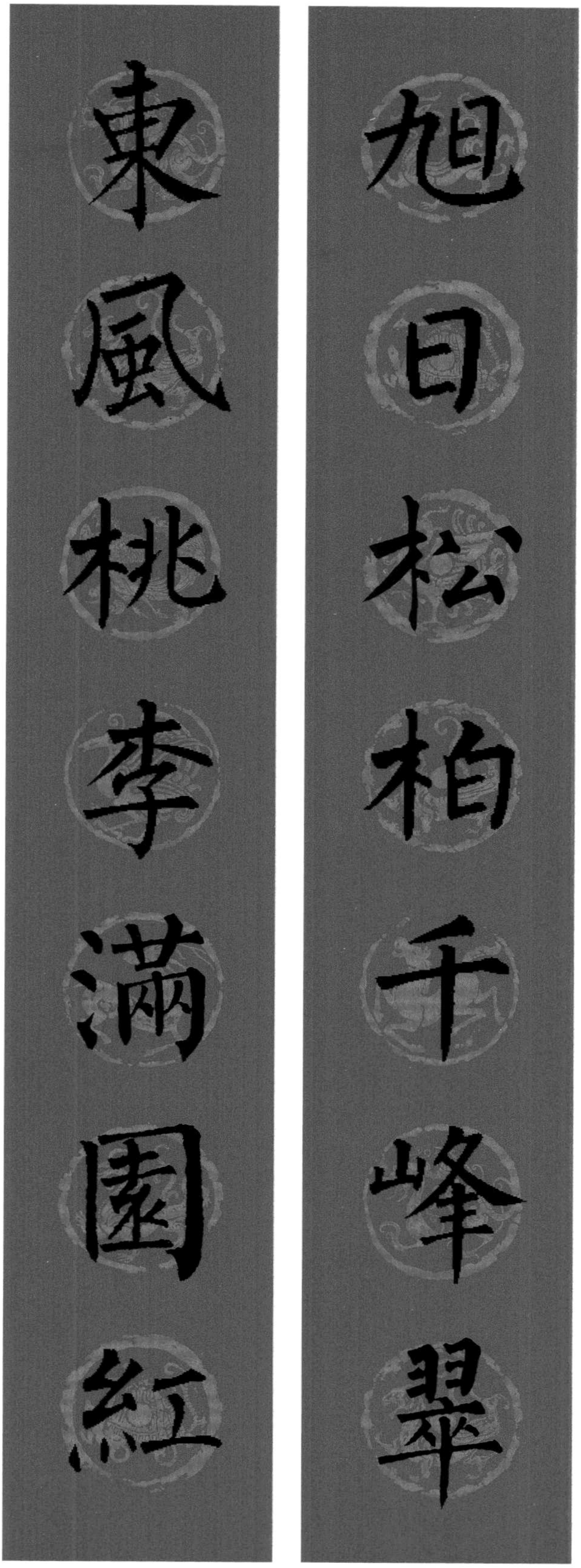

旭日松柏千峰翠
东风桃李满园红

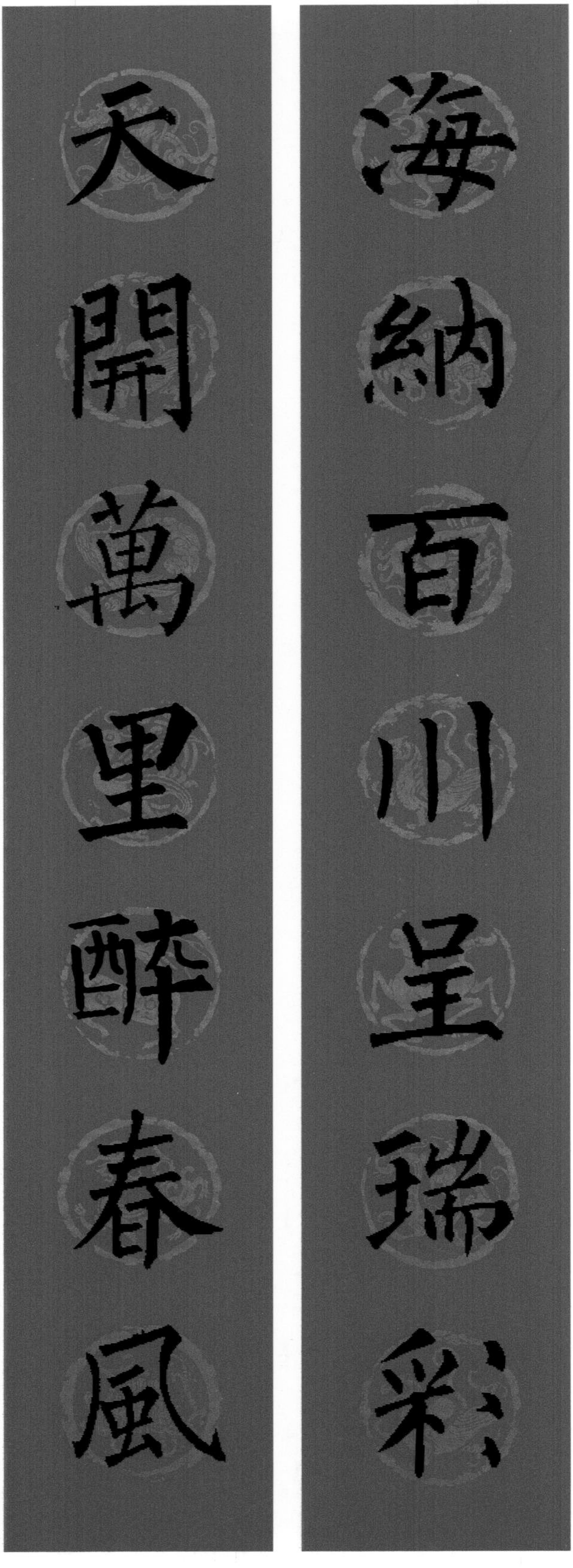

海纳百川呈瑞彩
天开万里醉春风

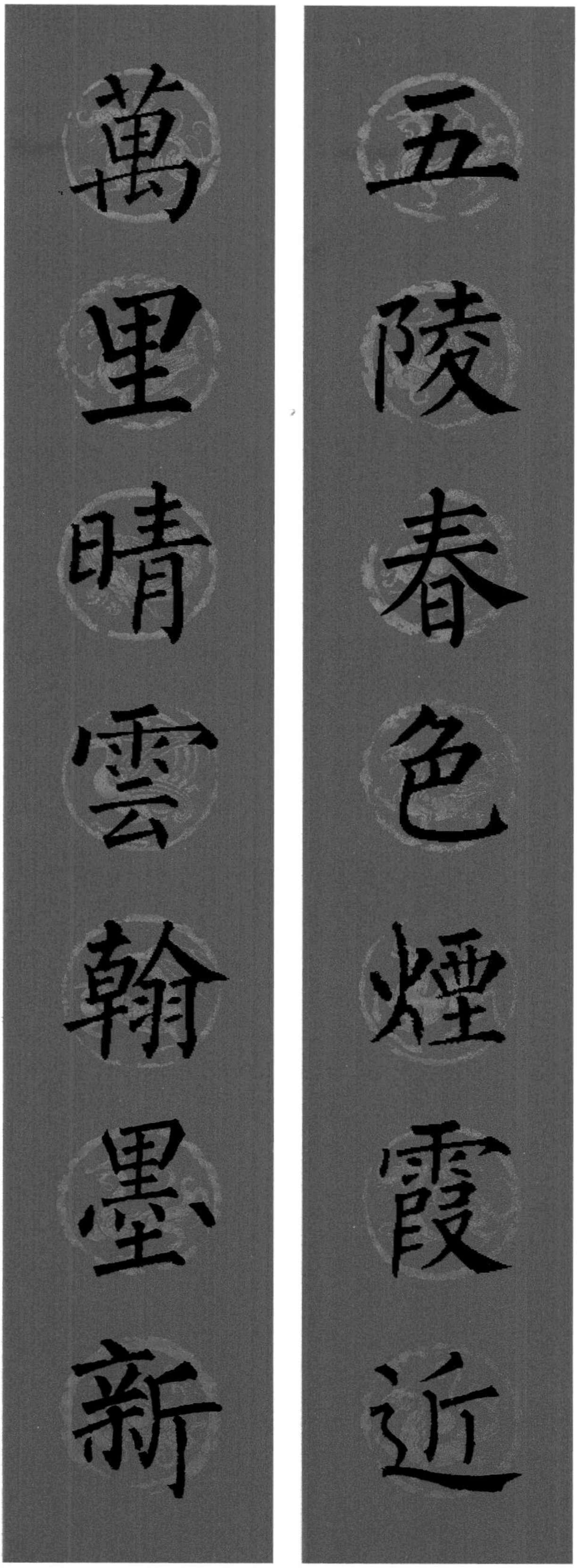
五陵春色煙霞近
萬里晴雲翰墨新

五陵春色烟霞近
万里晴云翰墨新

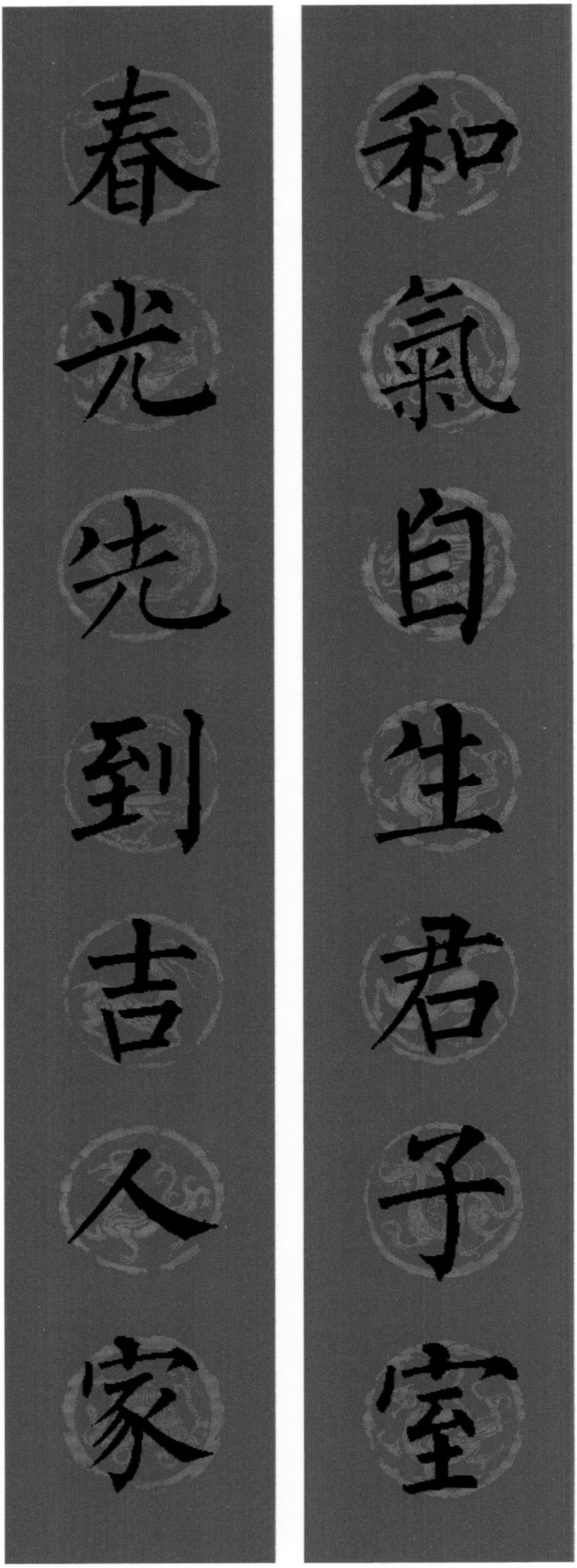

和气自生君子室
春光先到吉人家

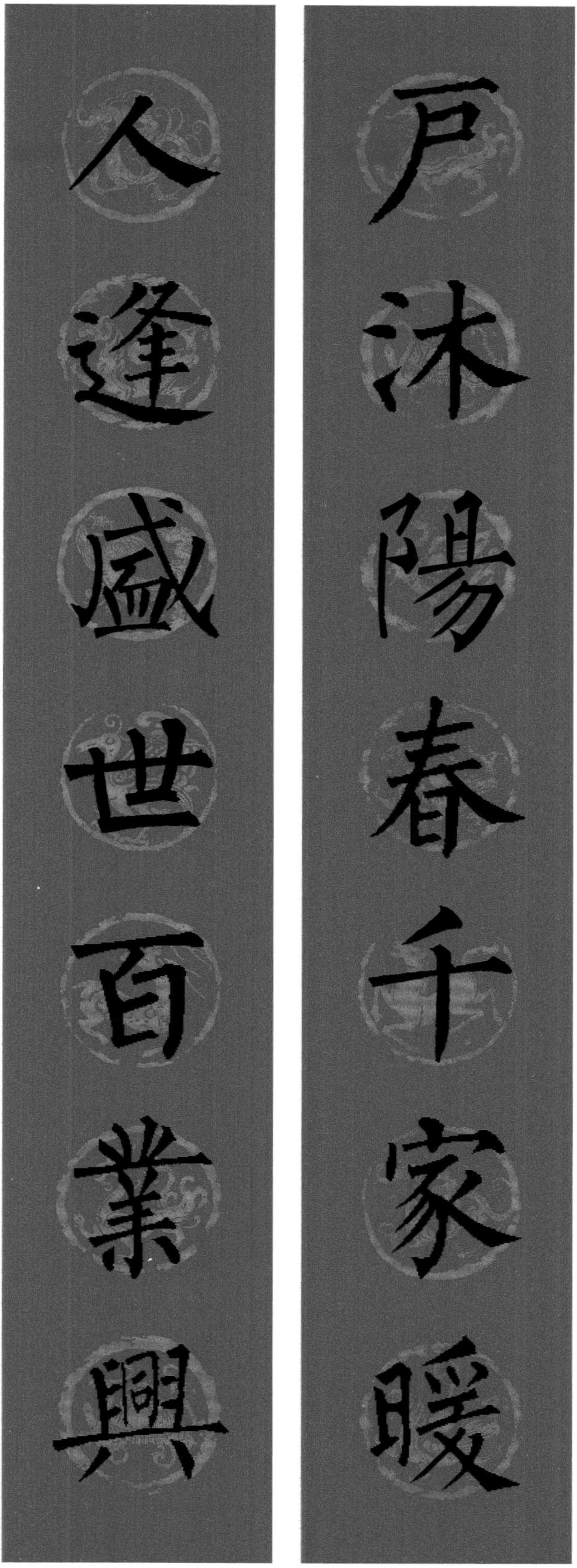

户沐阳春千家暖
人逢盛世百业兴

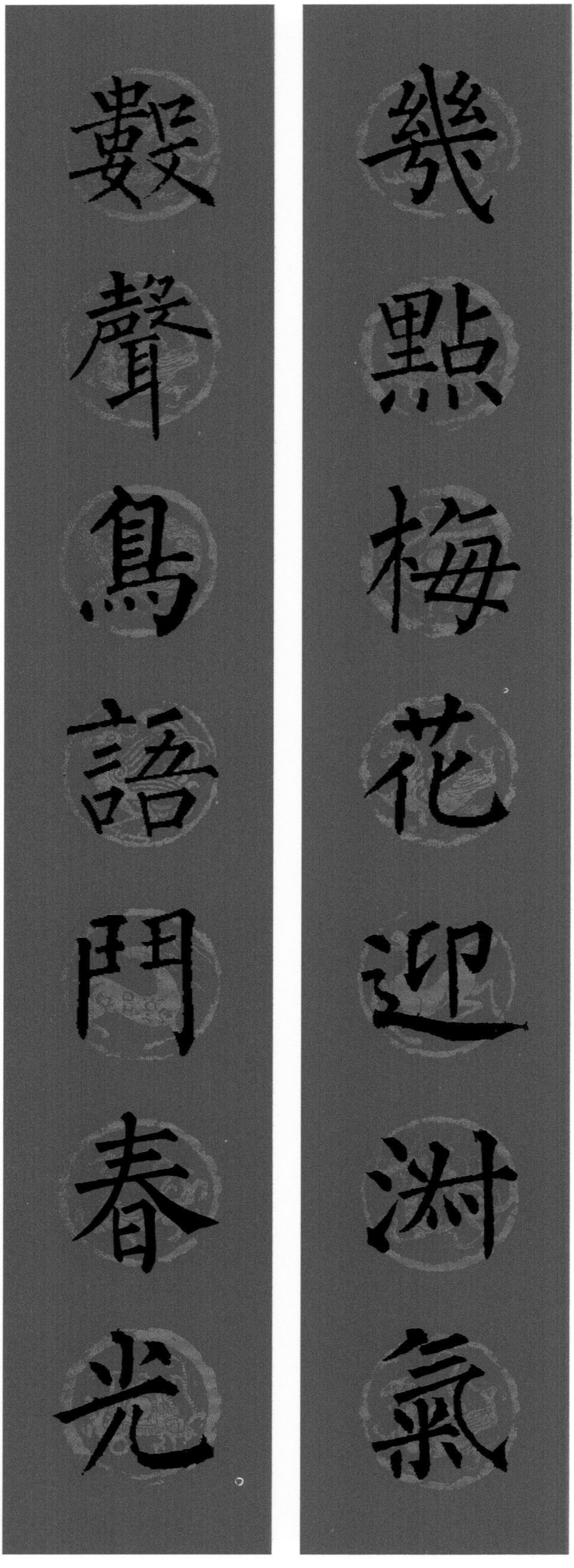

几点梅花迎淑气
数声鸟语斗春光

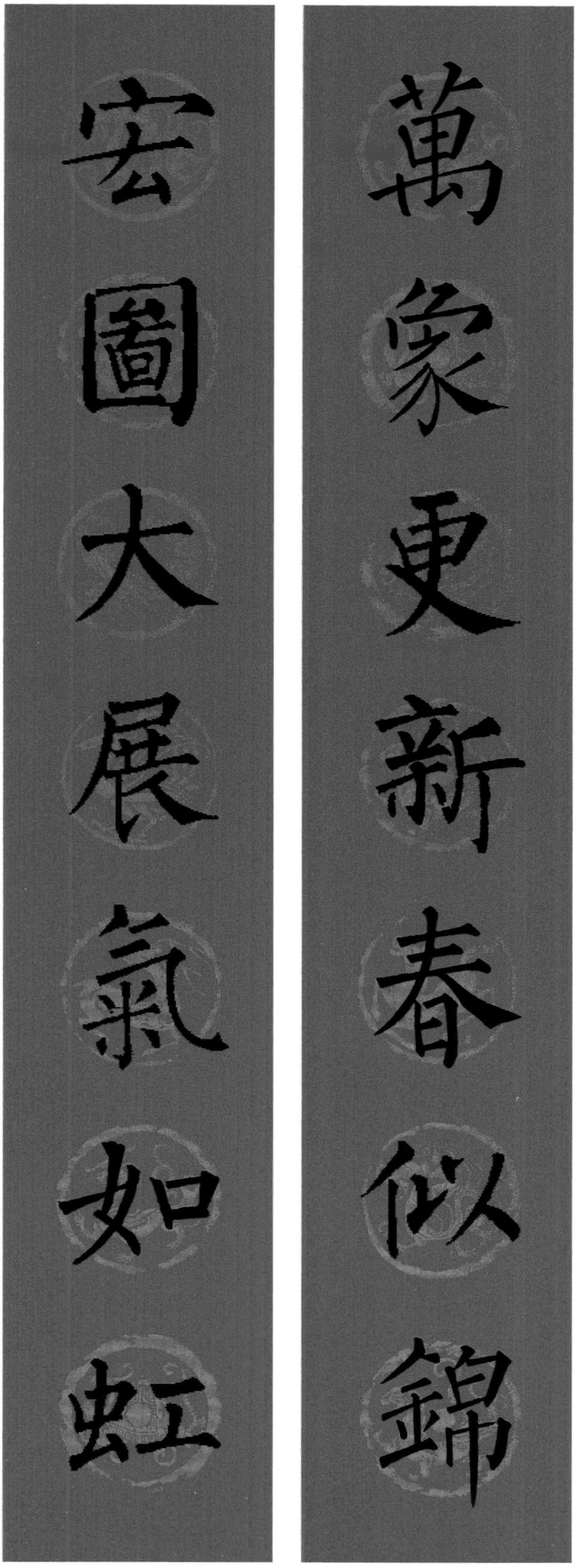
萬象更新春似錦
宏圖大展氣如虹

万象更新春似锦
宏图大展气如虹

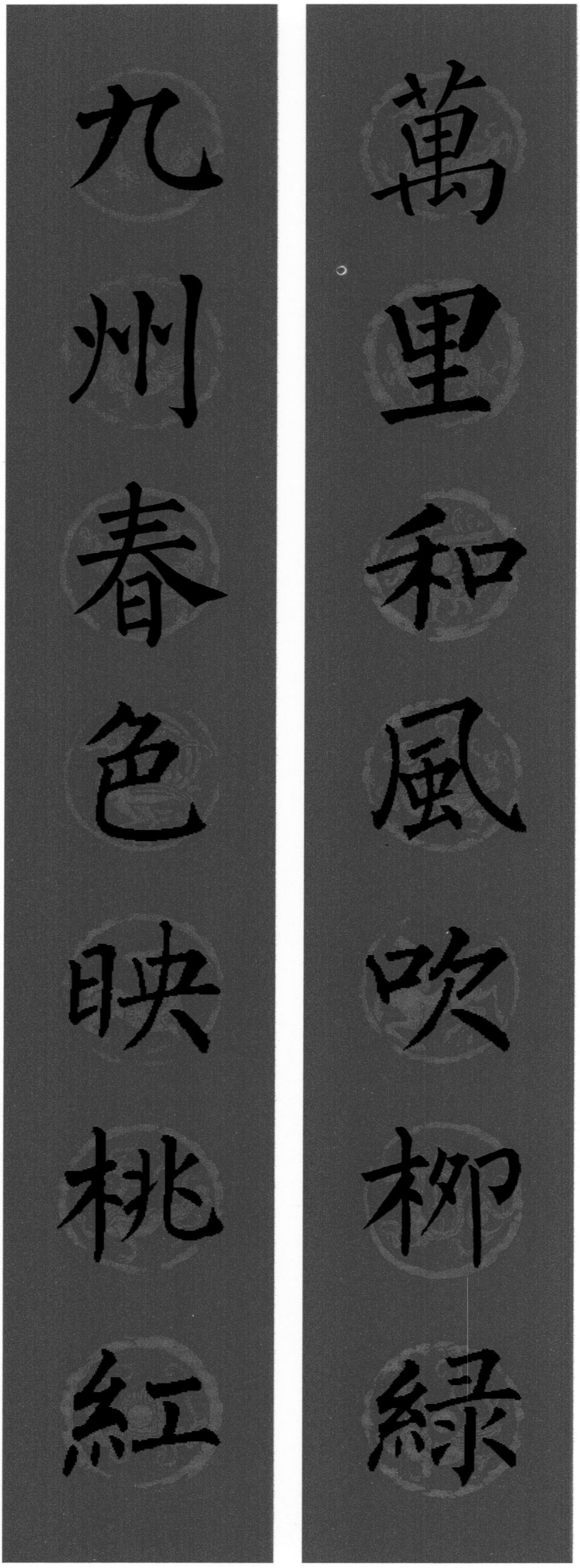

万里和风吹柳绿
九州春色映桃红

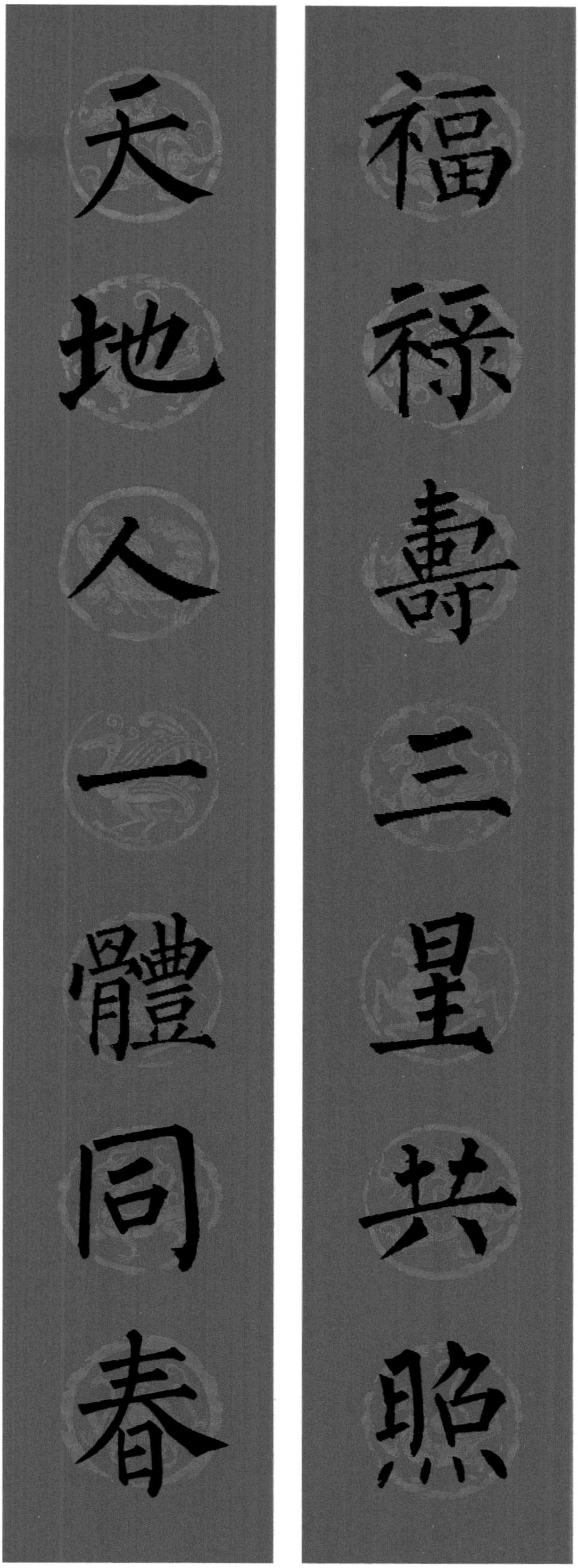

福禄寿三星共照
天地人一体同春

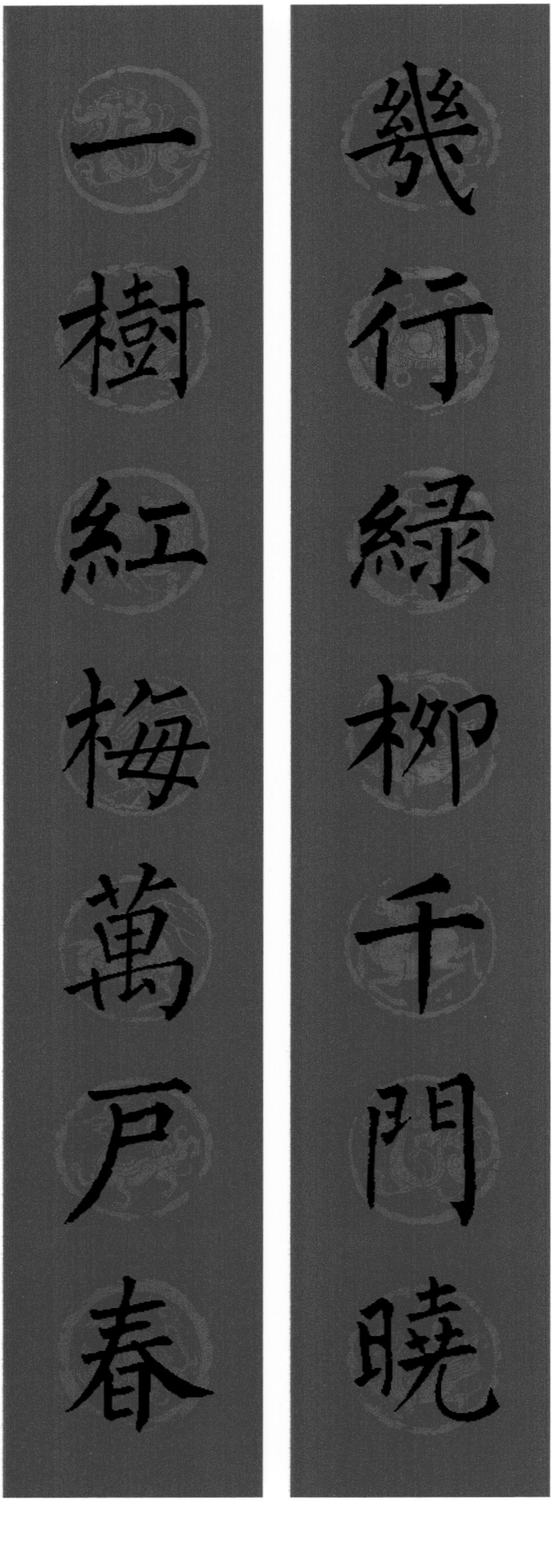

几行绿柳千门晓
一树红梅万户春

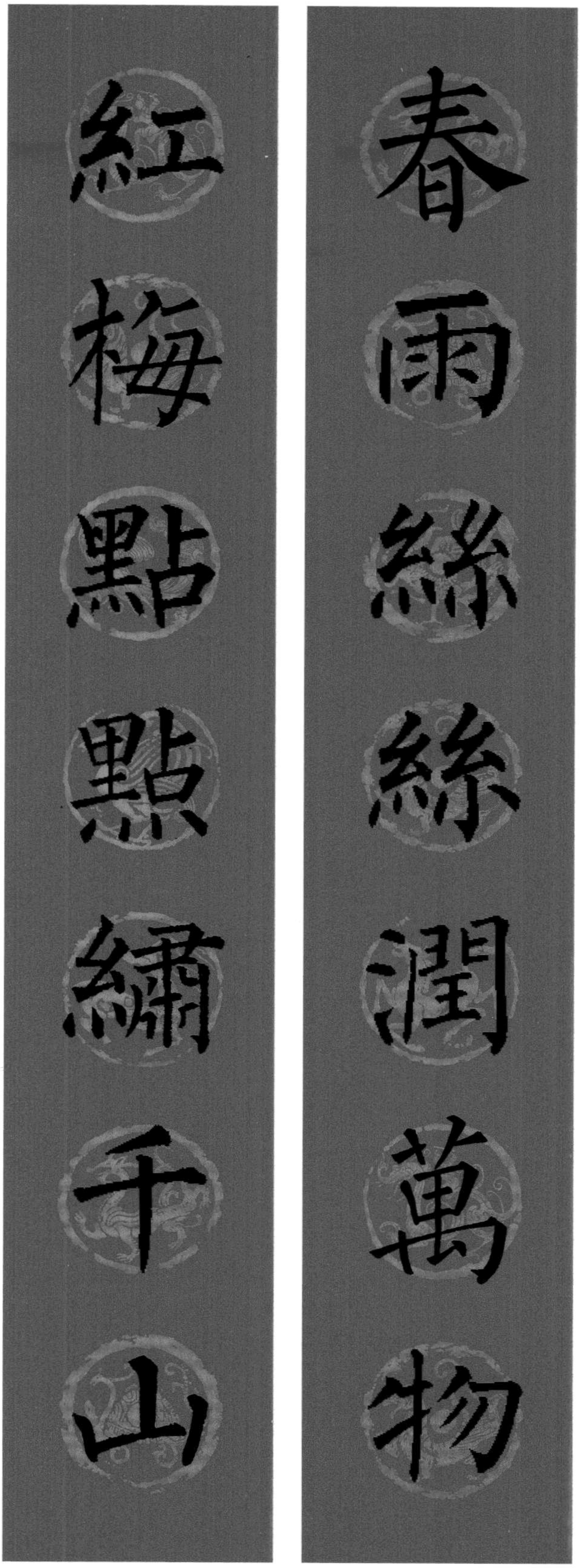

春雨丝丝润万物
红梅点点绣千山

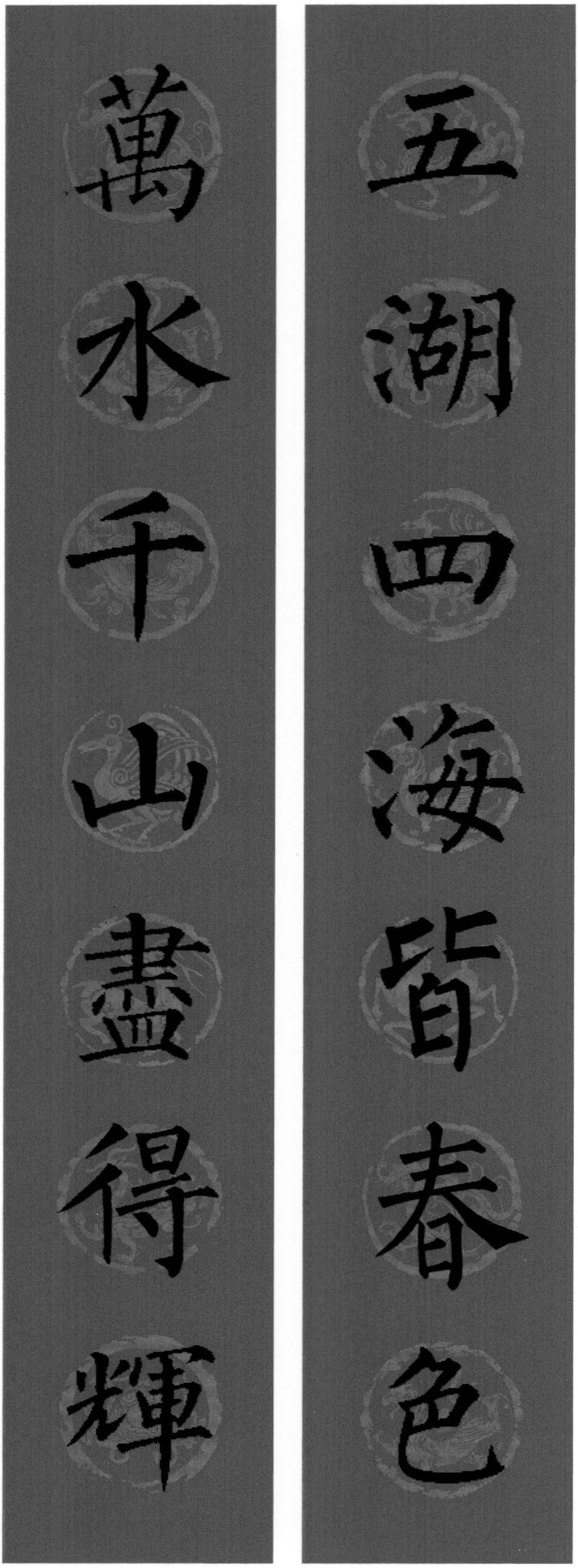

五湖四海皆春色
万水千山尽得辉

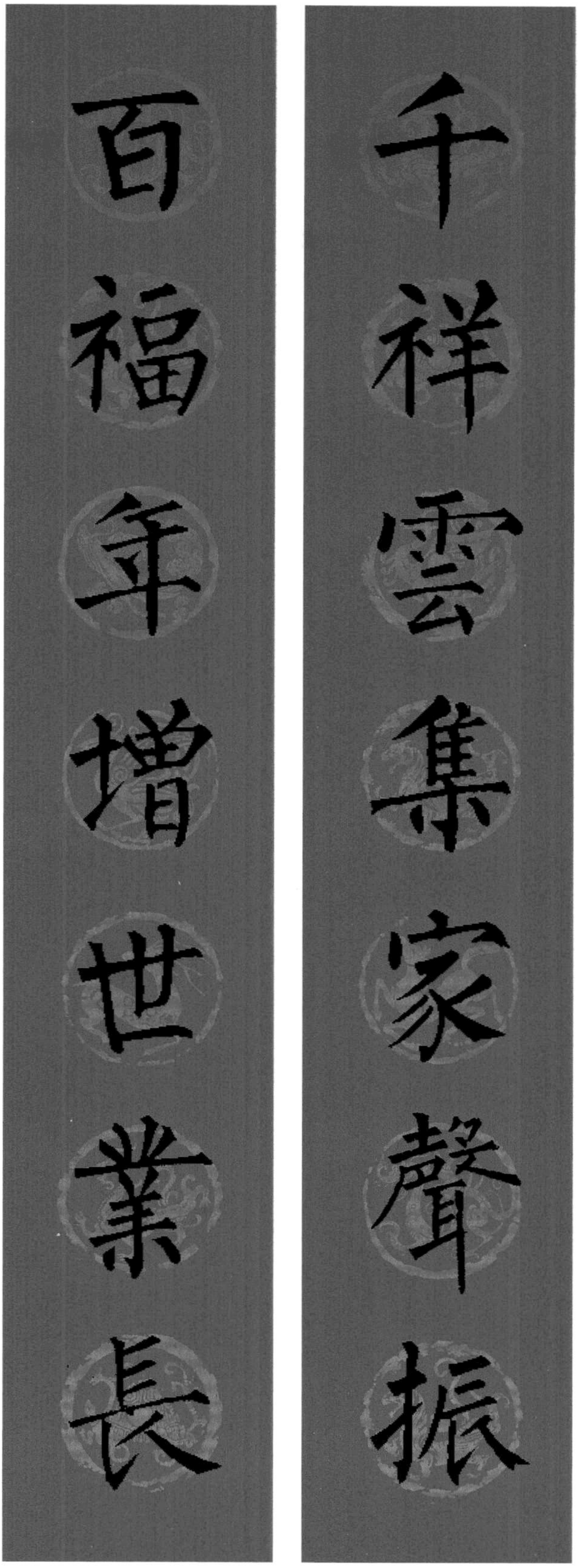
千祥雲集家聲振
百福年增世業長

千祥云集家声振
百福年增世业长

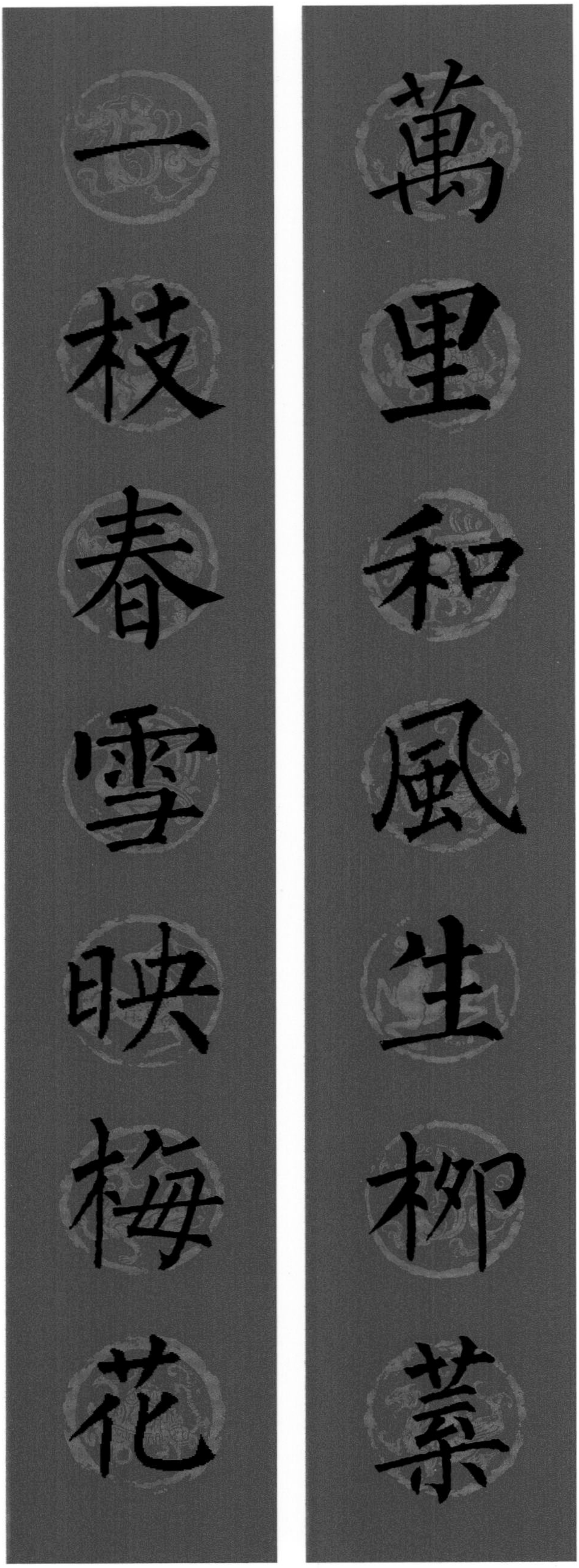
萬里和風生柳葉
一枝春雪映梅花

万里和风生柳叶
一枝春雪映梅花

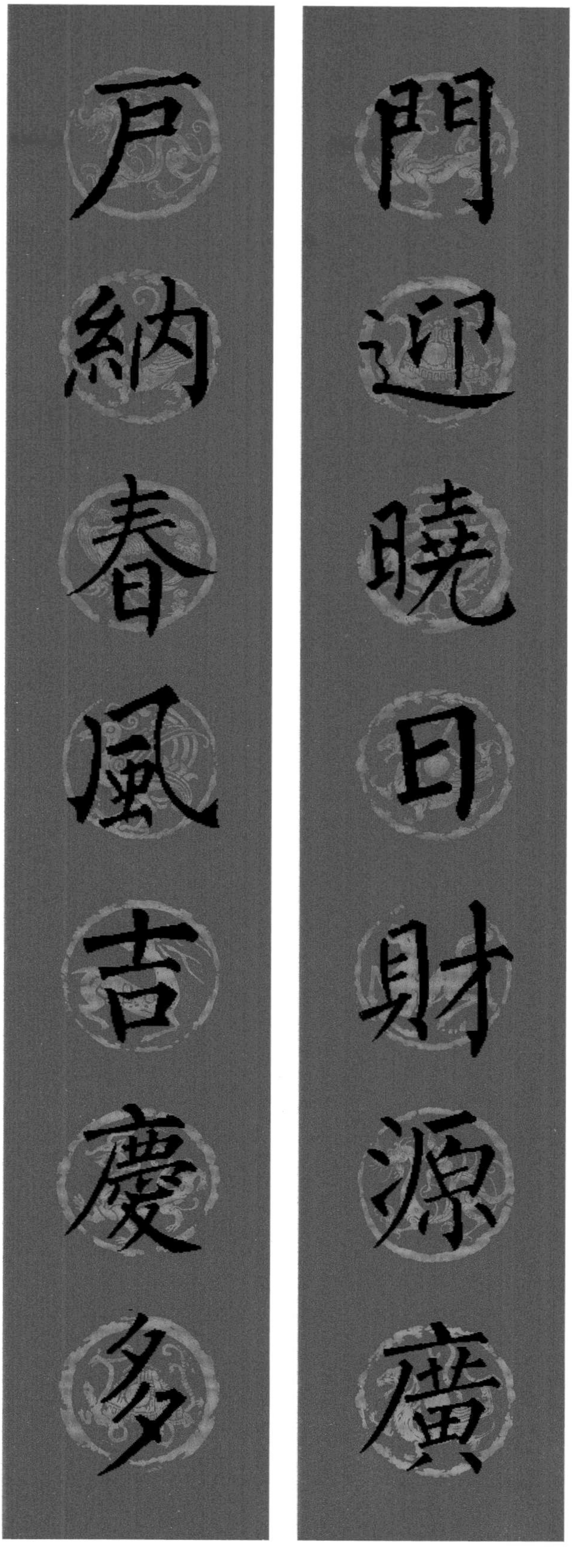

门迎晓日财源广
户纳春风吉庆多

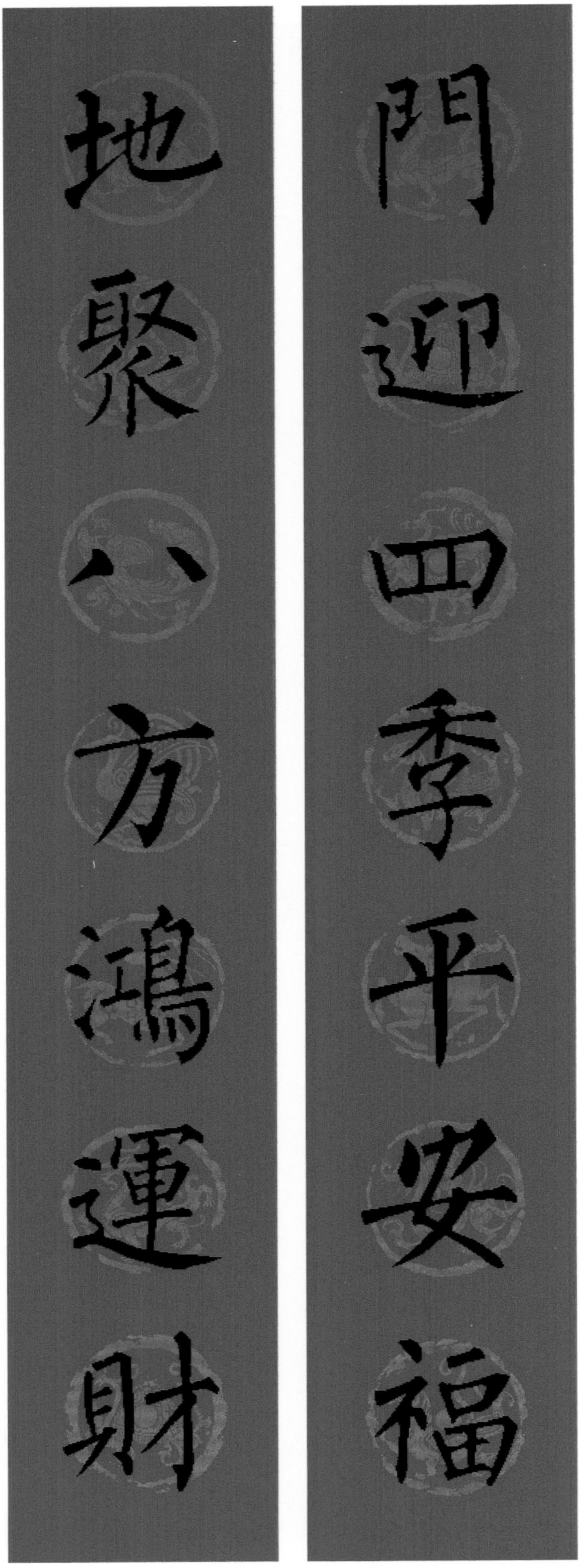

门迎四季平安福
地聚八方鸿运财

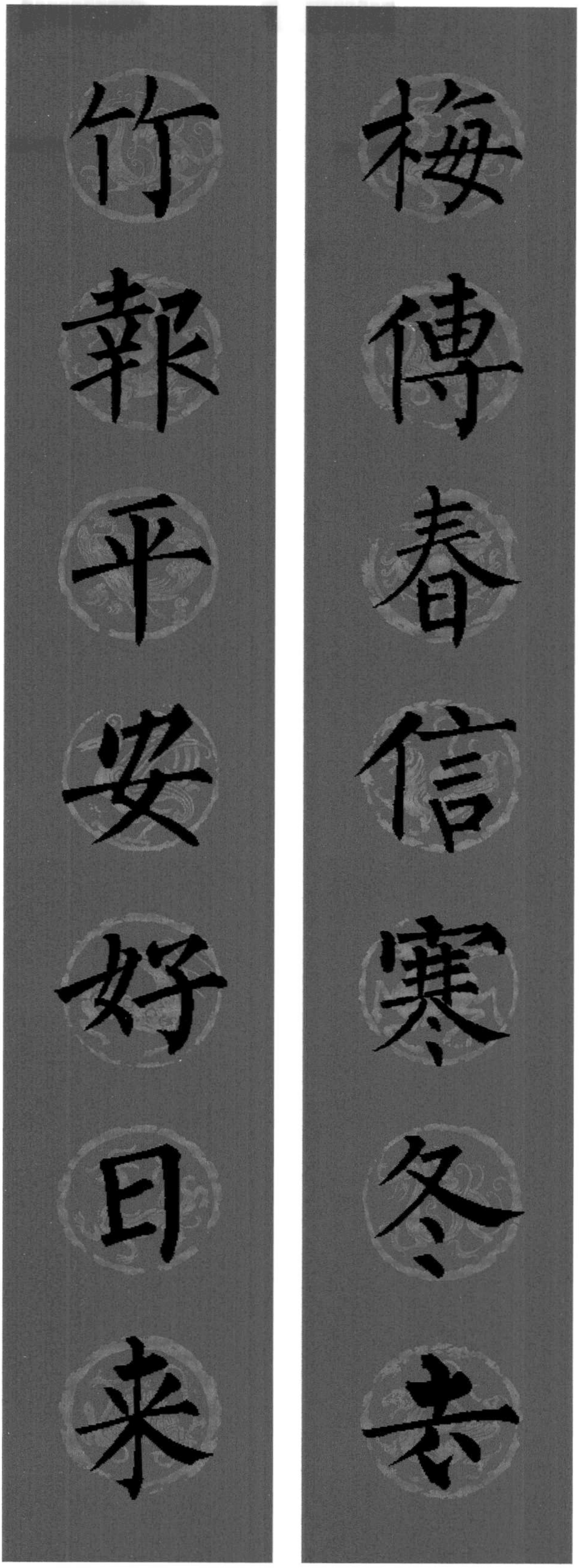

梅传春信寒冬去
竹报平安好日来

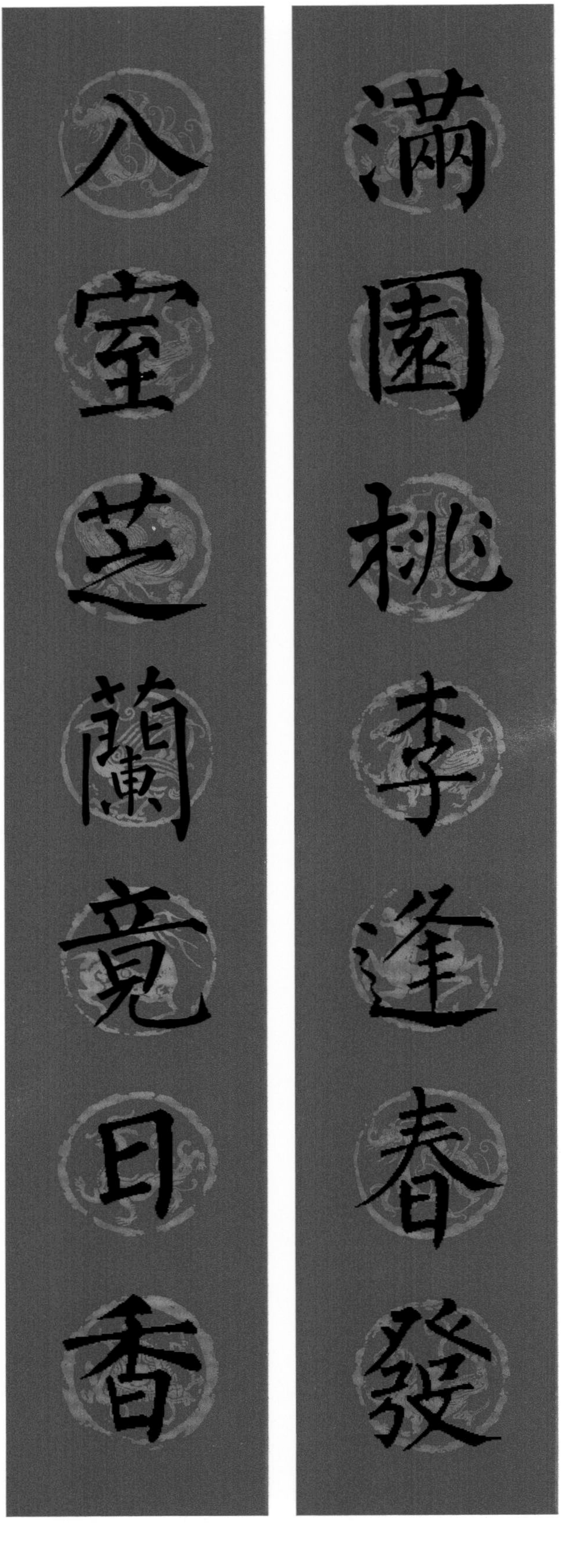

满园桃李逢春发
入室芝兰竟日香

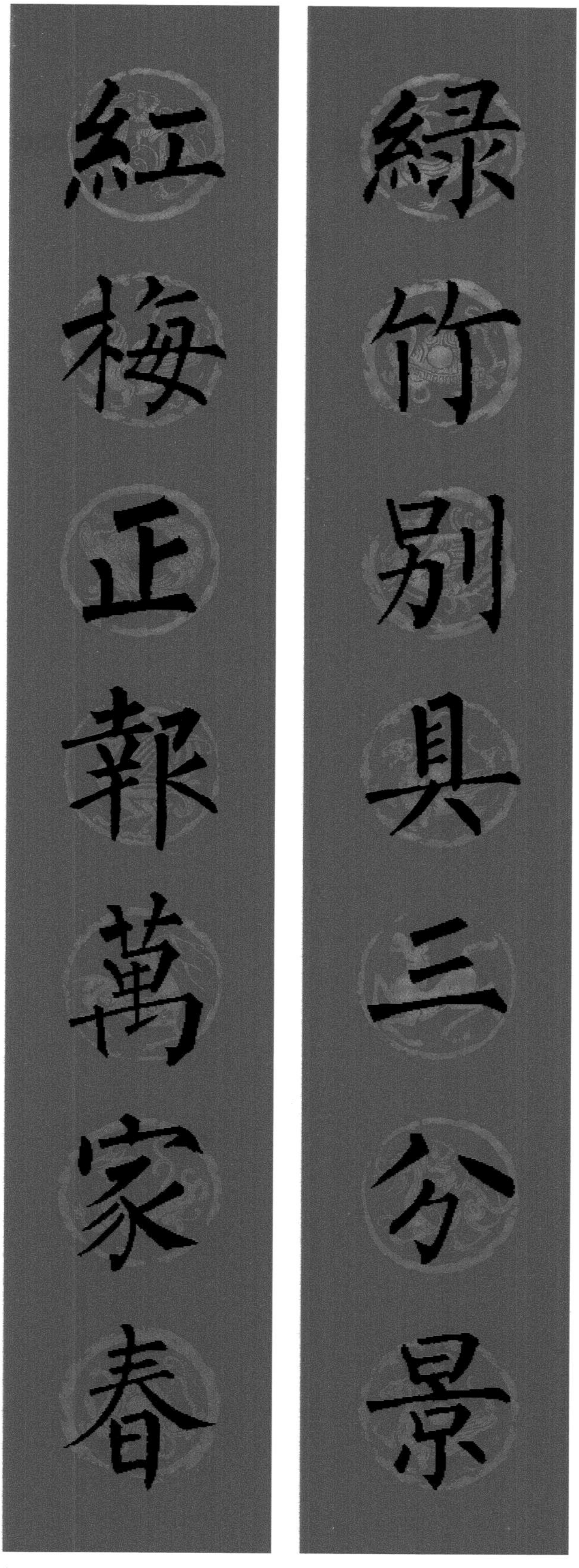

绿竹别具三分景
红梅正报万家春

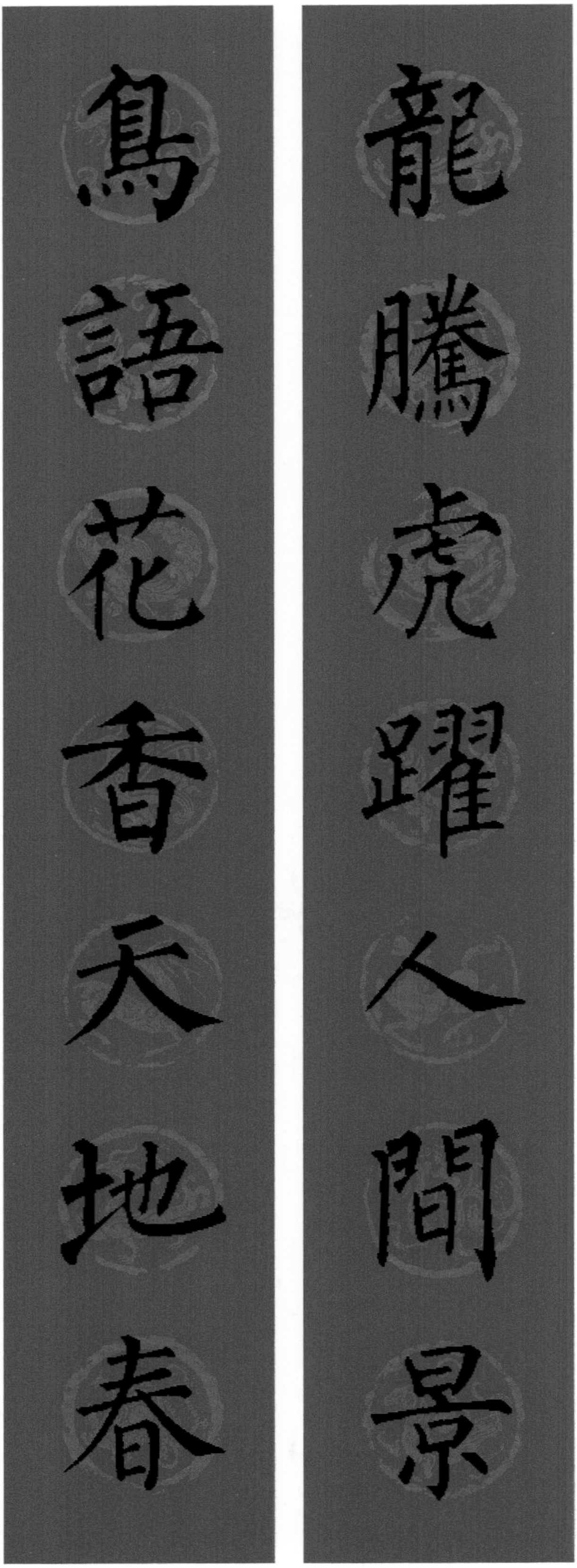
龍騰虎躍人間景
鳥語花香天地春

龙腾虎跃人间景
鸟语花香天地春

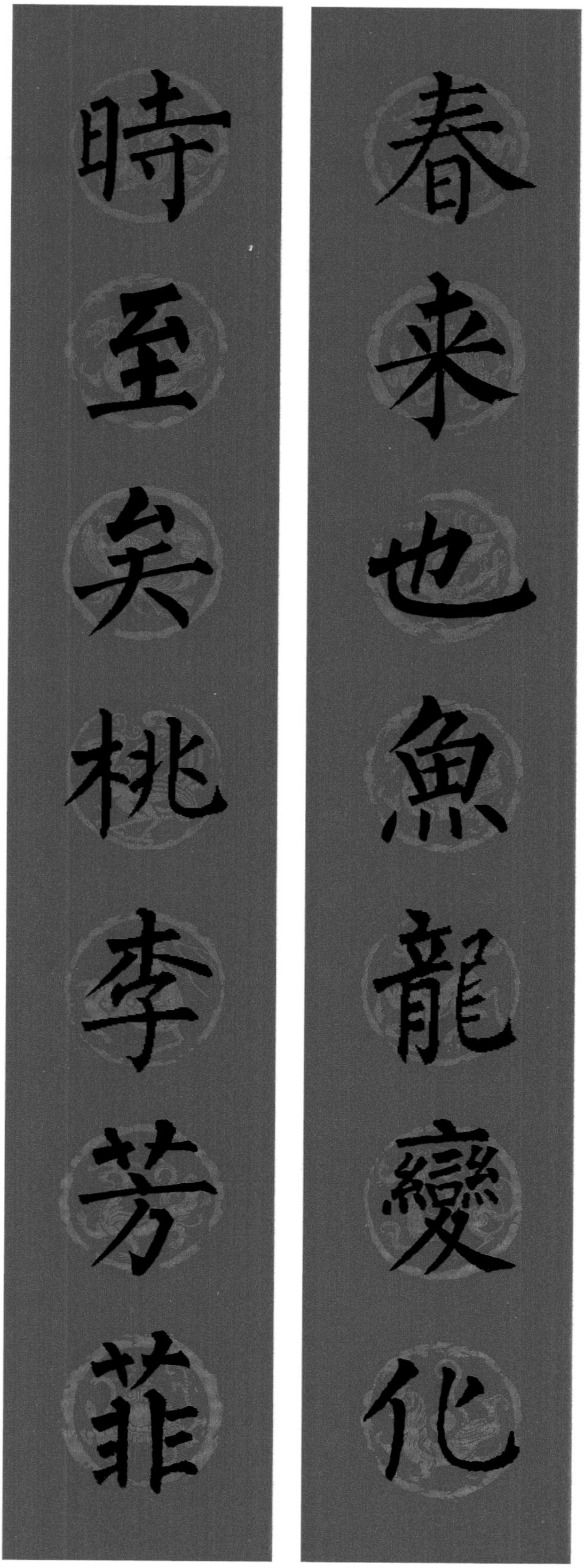

春来也鱼龙变化
时至矣桃李芳菲

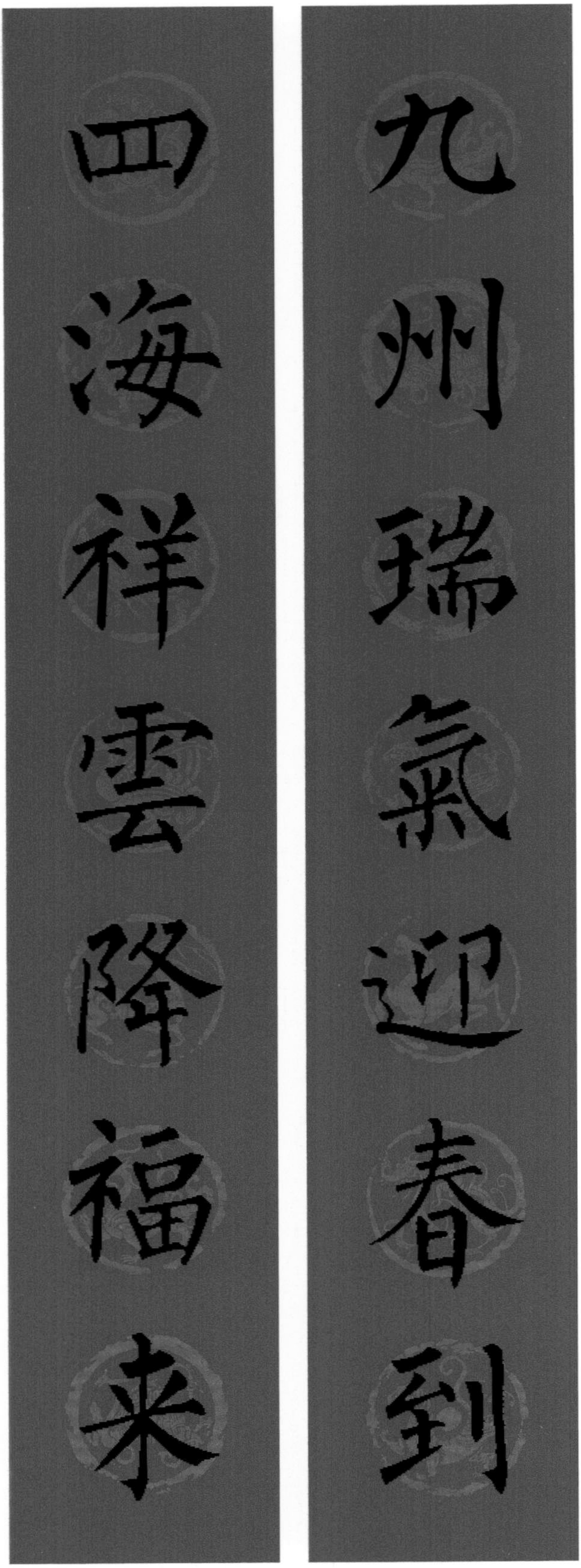
九州瑞氣迎春到
四海祥雲降福来

九州瑞气迎春到
四海祥云降福来

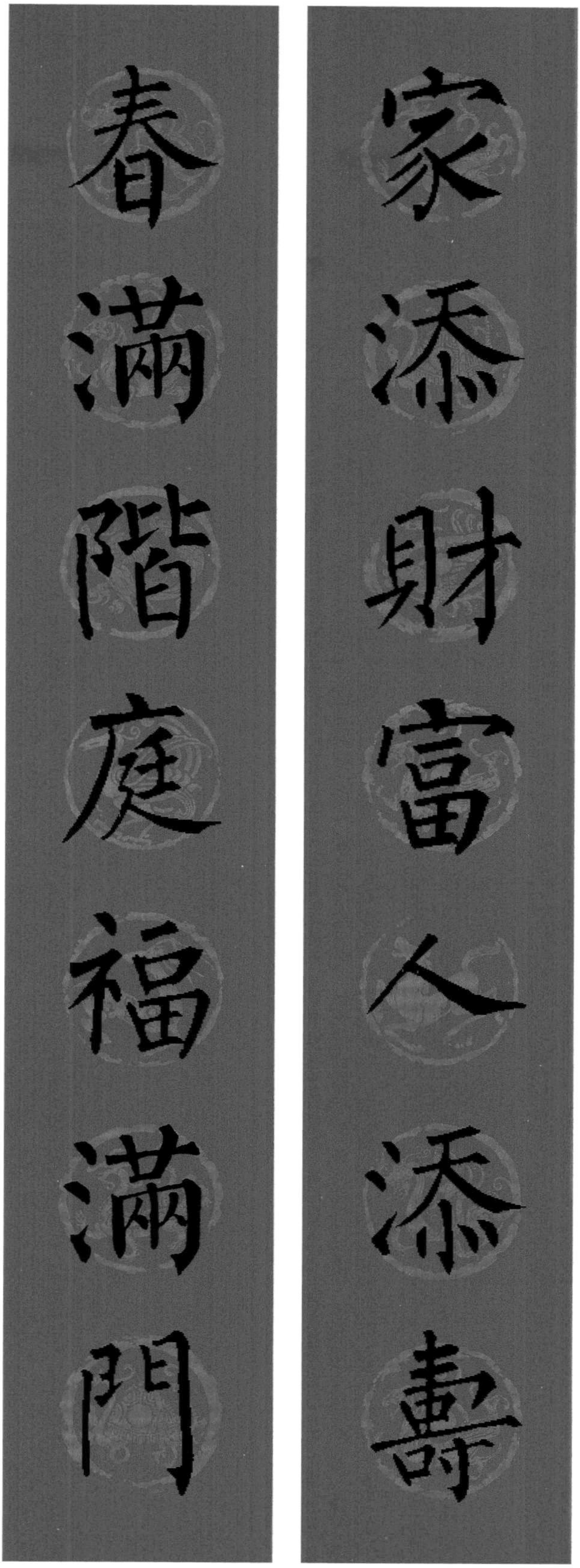
家添財富人添壽
春滿階庭福滿門

家添财富人添寿
春满阶庭福满门

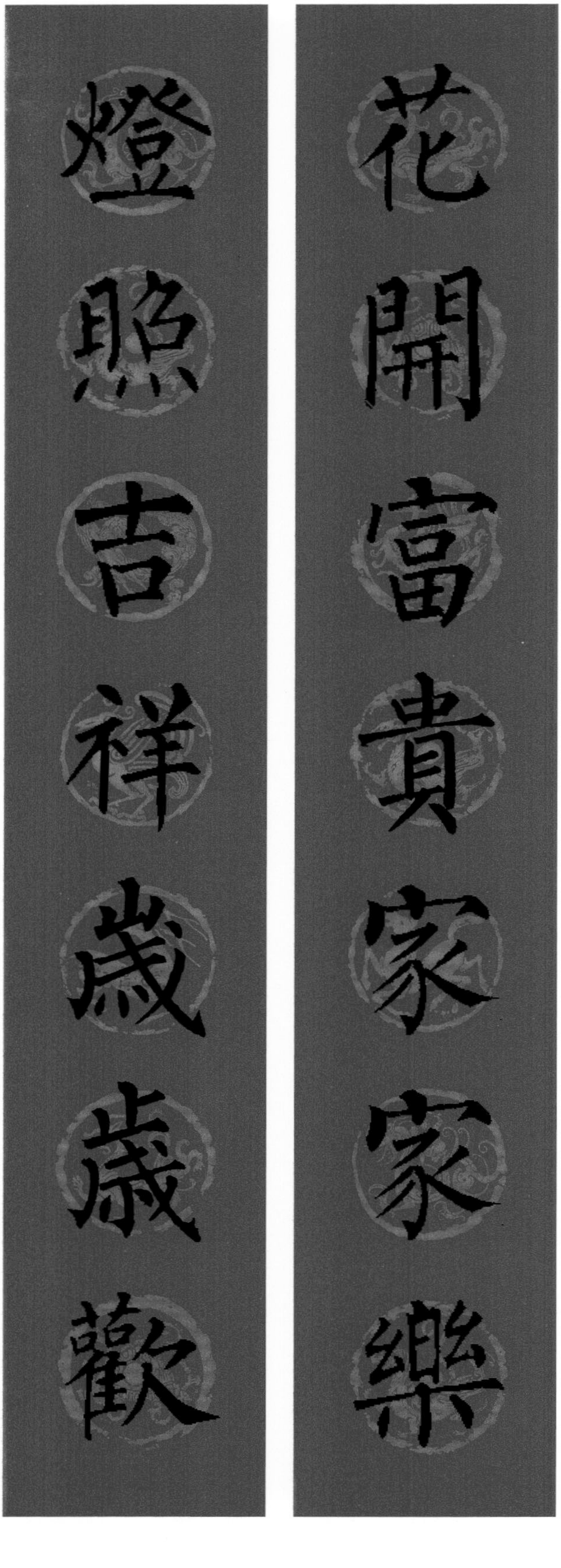

花开富贵家家乐
灯照吉祥岁岁欢

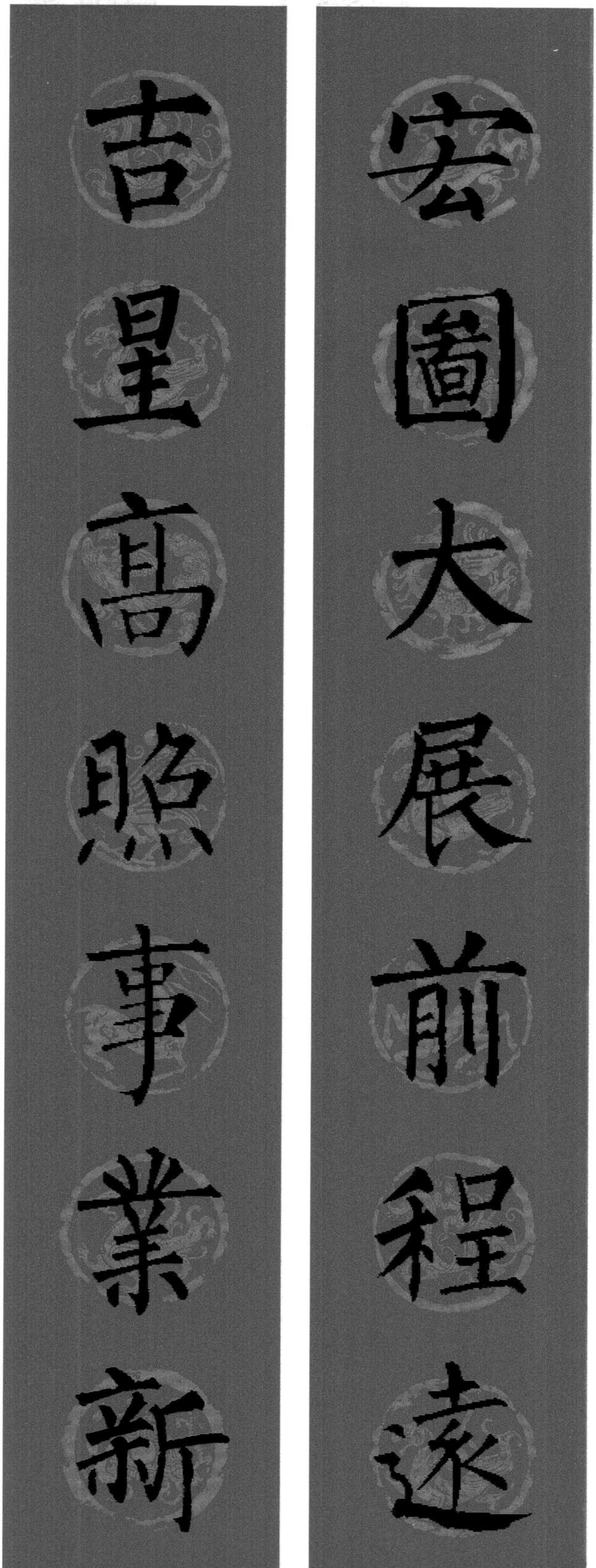

宏图大展前程远
吉星高照事业新

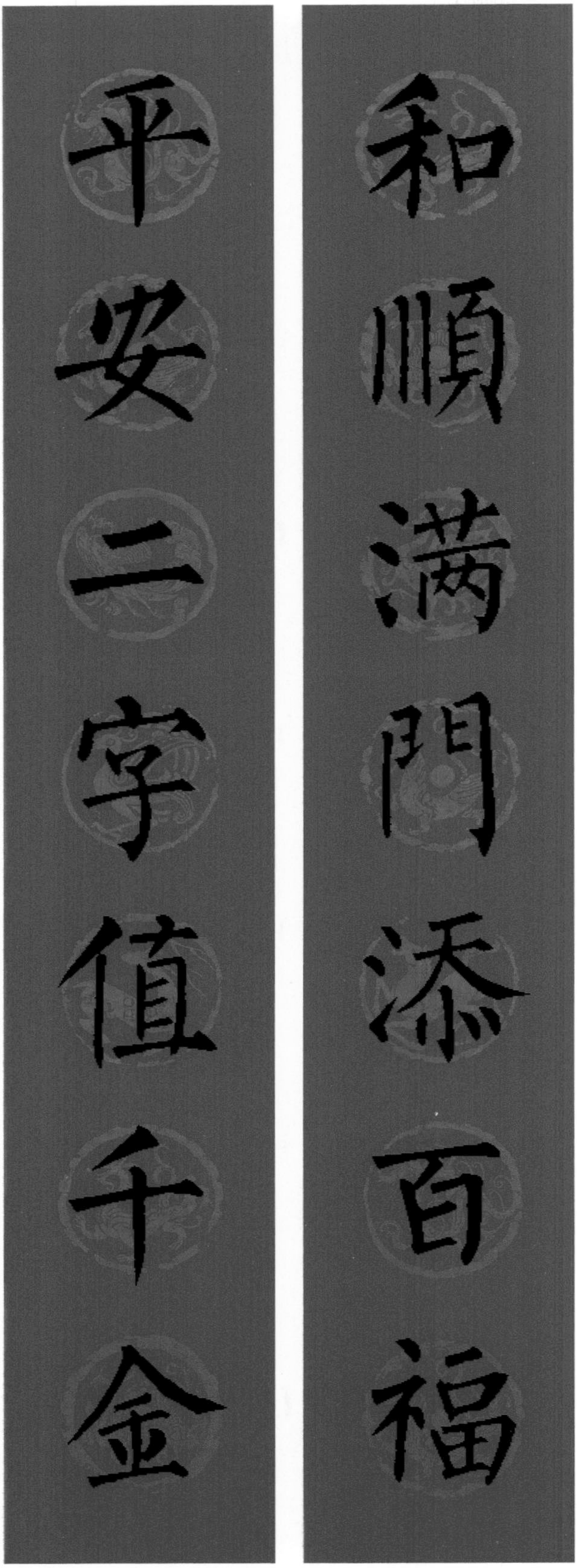

和顺满门添百福
平安二字值千金

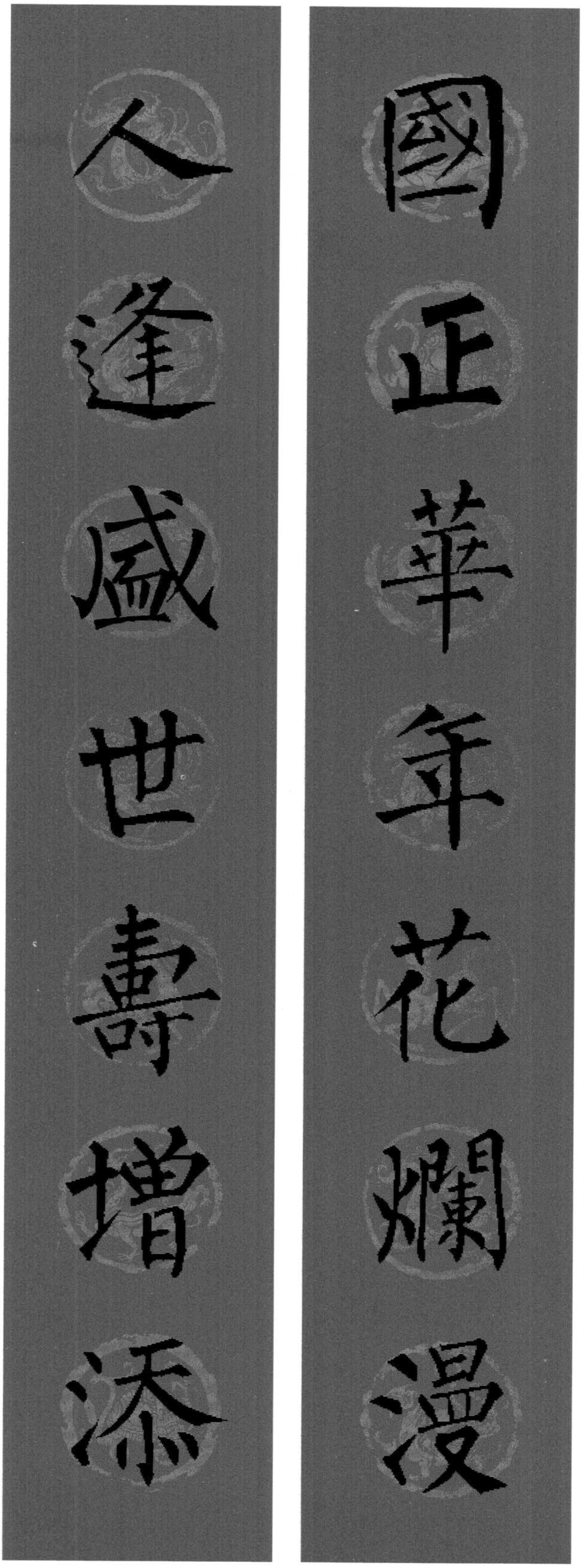

国正华年花烂漫
人逢盛世寿增添

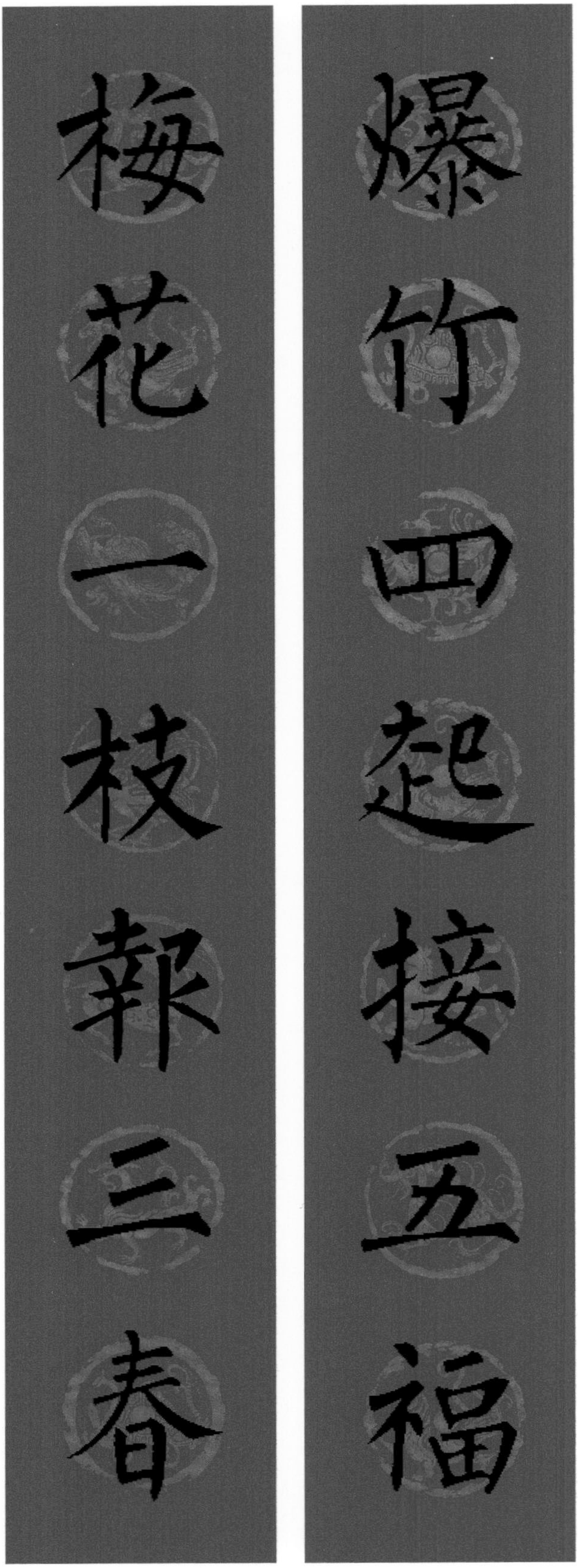

爆竹四起接五福
梅花一枝报三春

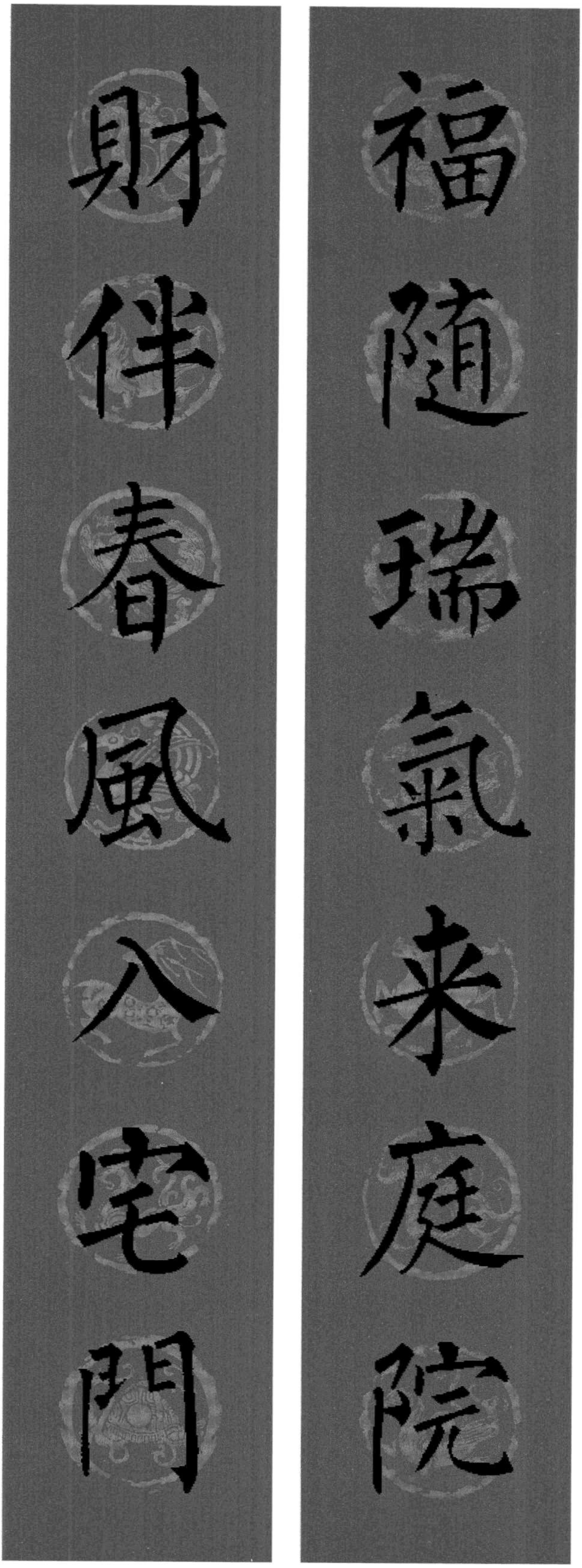

福随瑞气来庭院
财伴春风入宅门

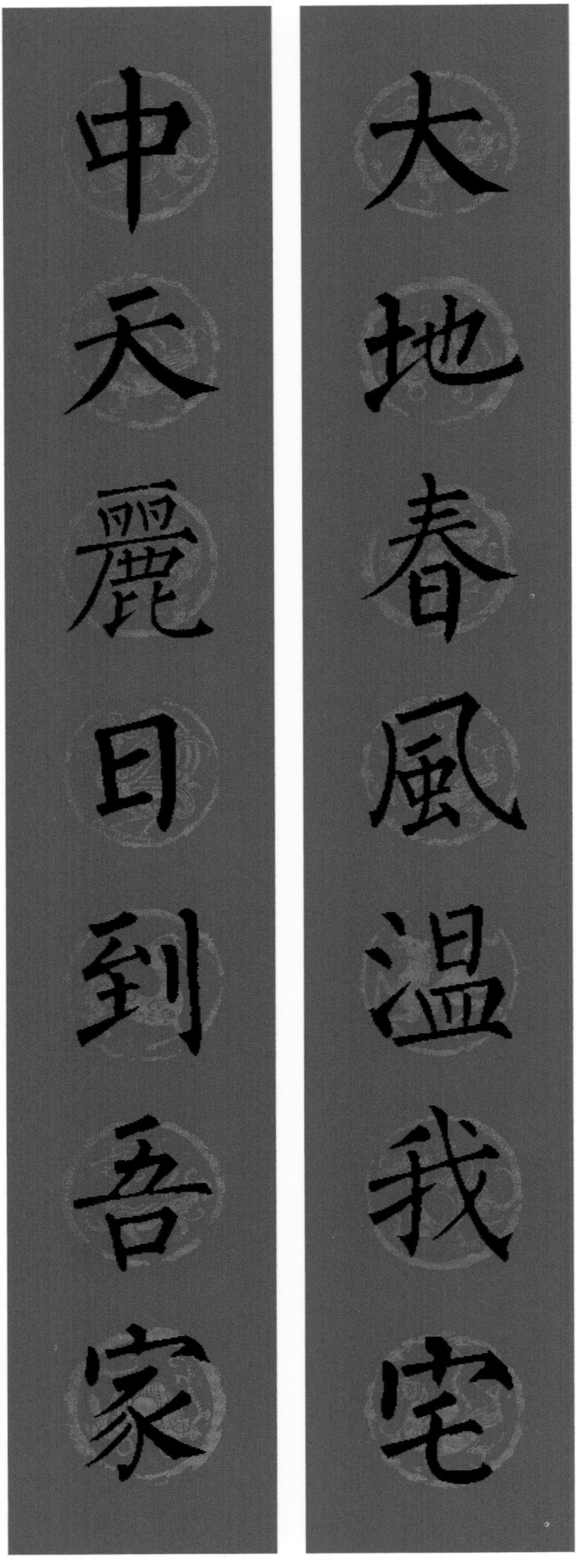

大地春风温我宅
中天丽日到吾家

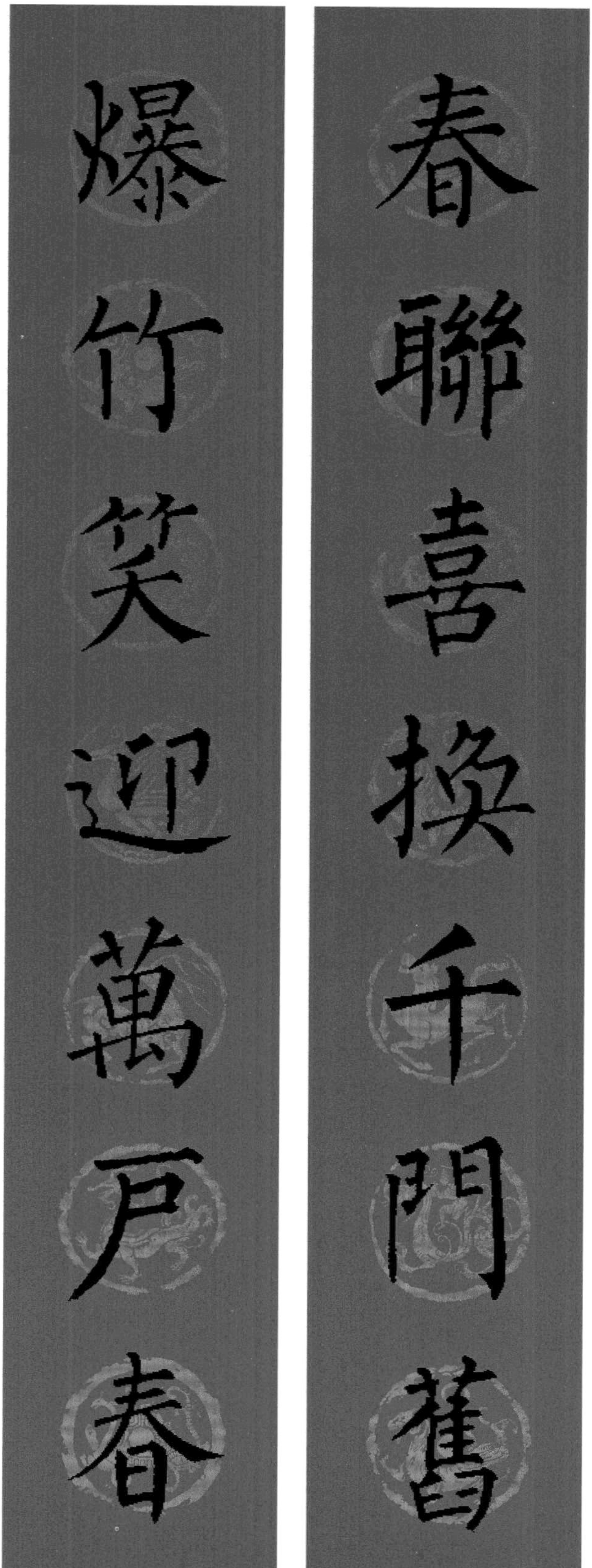
春聯喜換千門舊
爆竹笑迎萬戶春

春联喜换千门旧
爆竹笑迎万户春

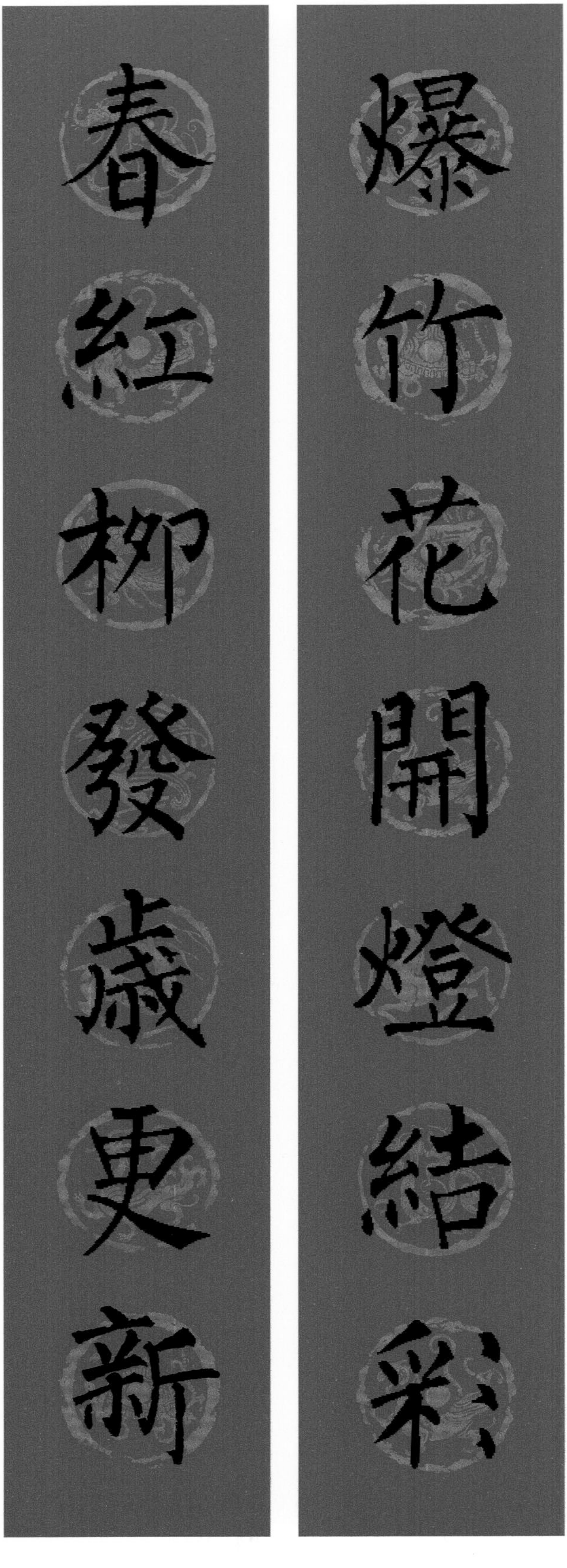

爆竹花开灯结彩
春红柳发岁更新

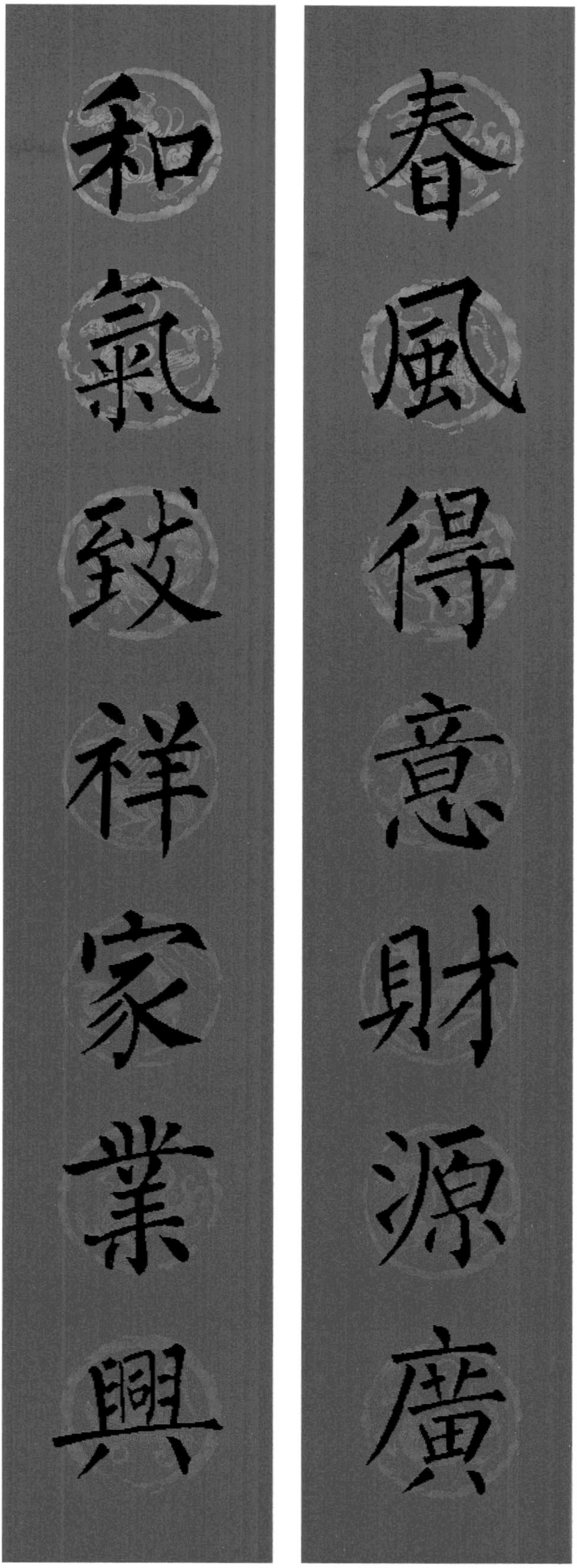

春风得意财源广
和气致祥家业兴

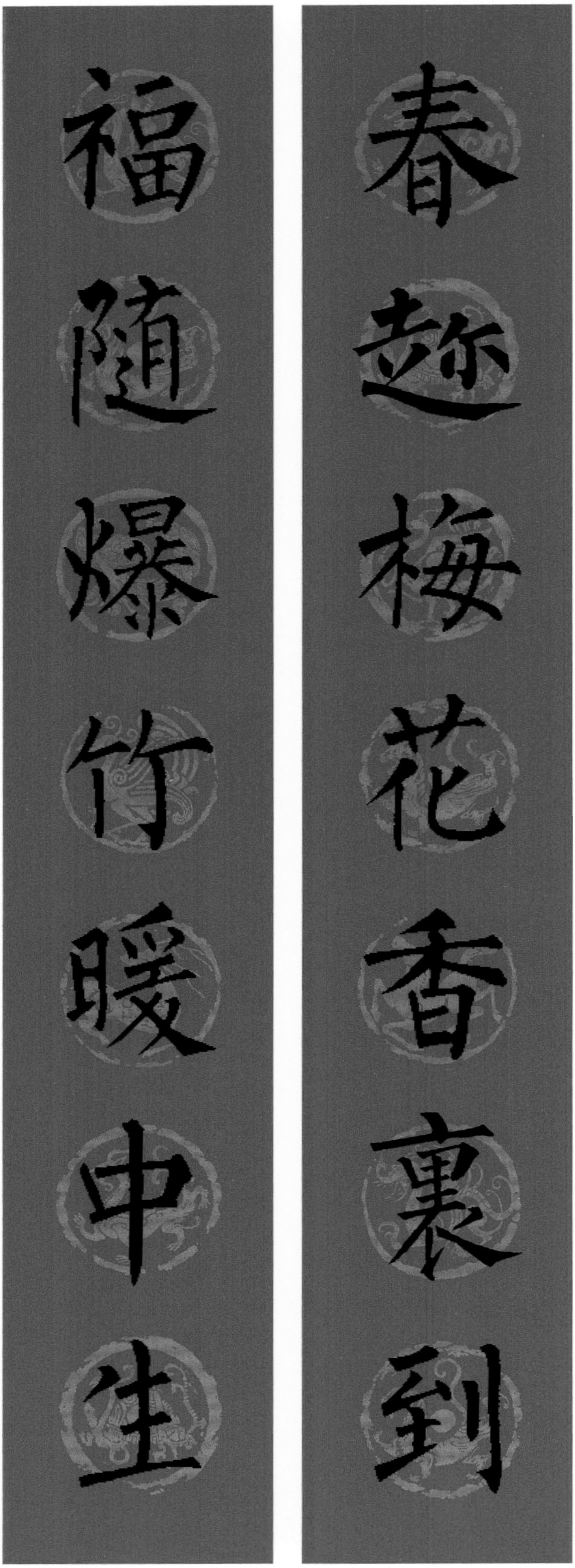

春趁梅花香里到
福随爆竹暖中生

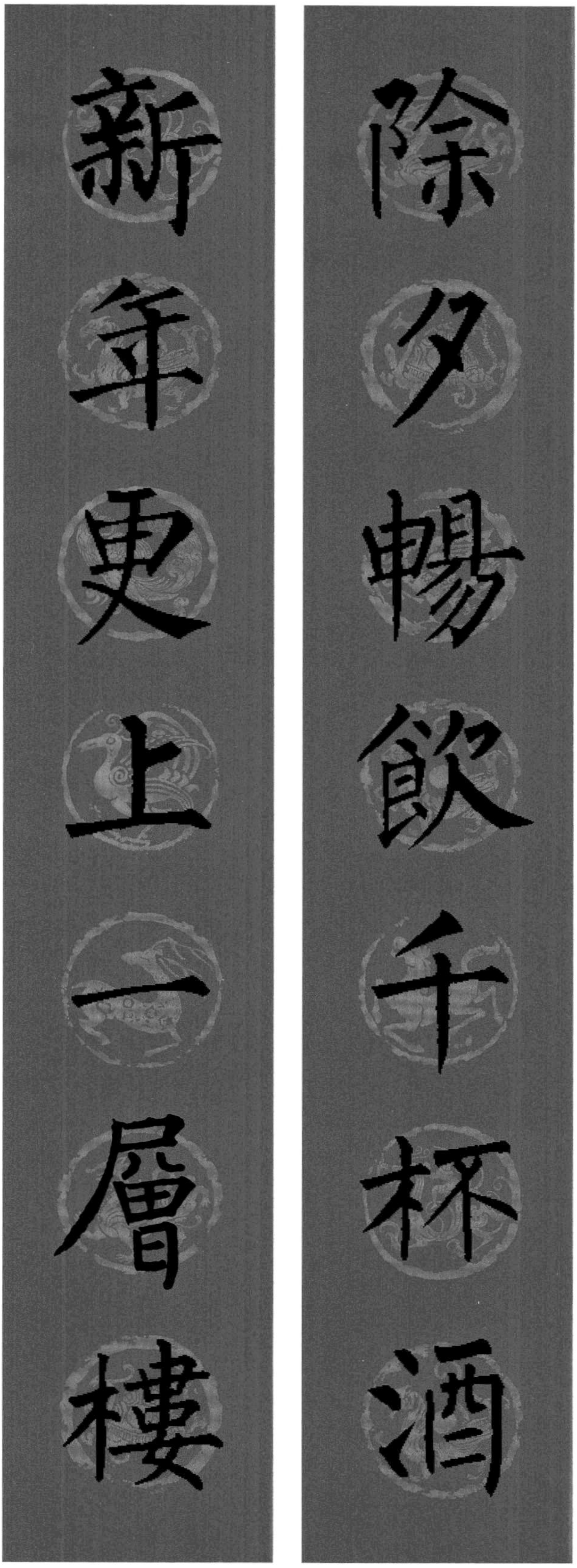

除夕畅饮千杯酒
新年更上一层楼

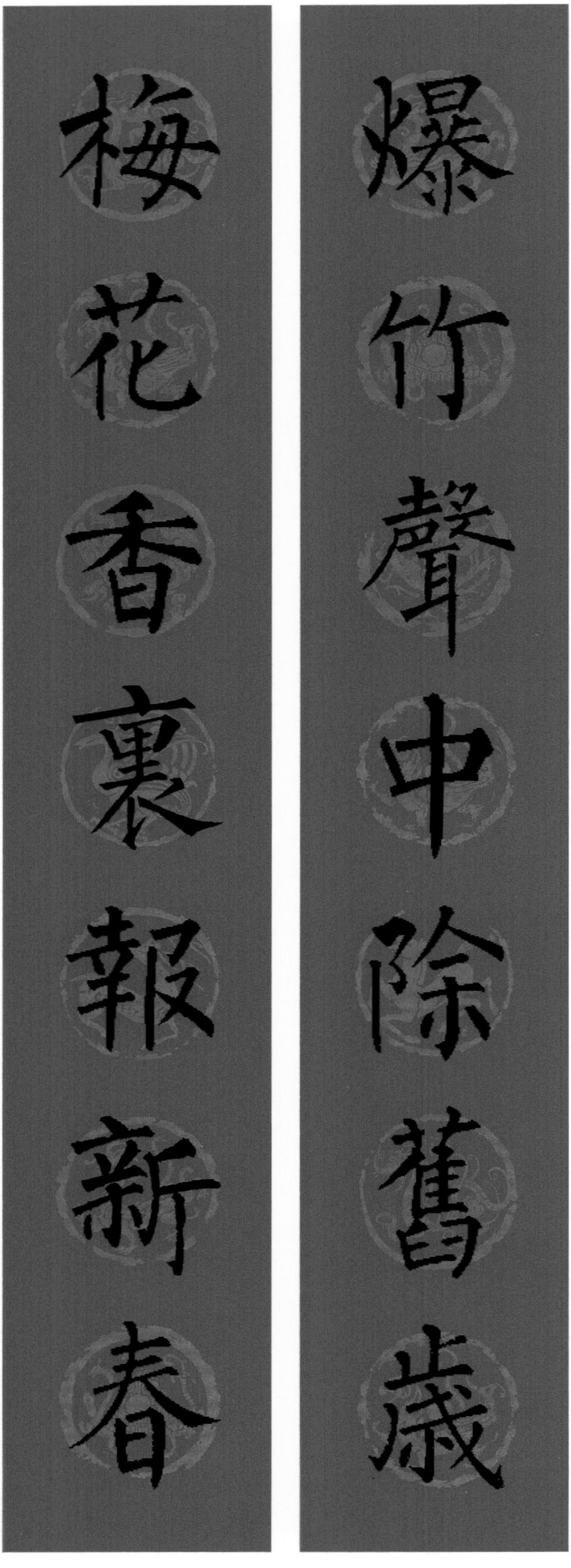

爆竹声中除旧岁
梅花香里报新春

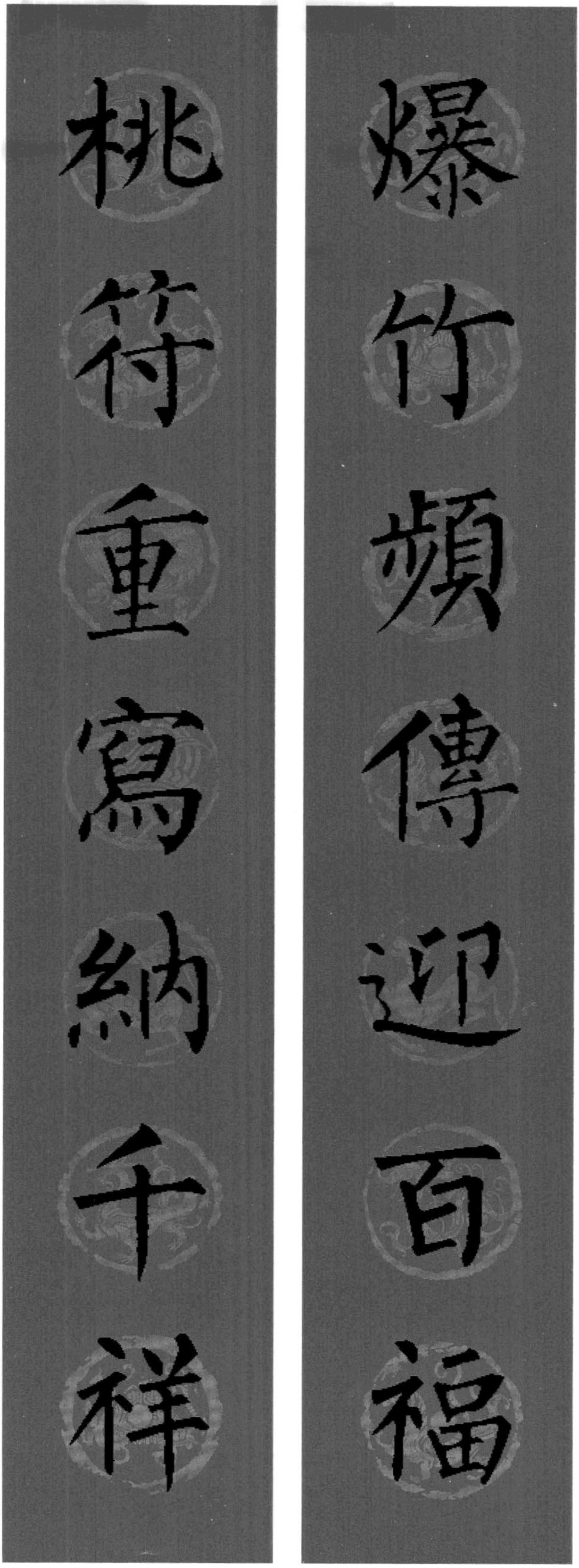
爆竹頻傳迎百福
桃符重寫納千祥

爆竹频传迎百福
桃符重写纳千祥

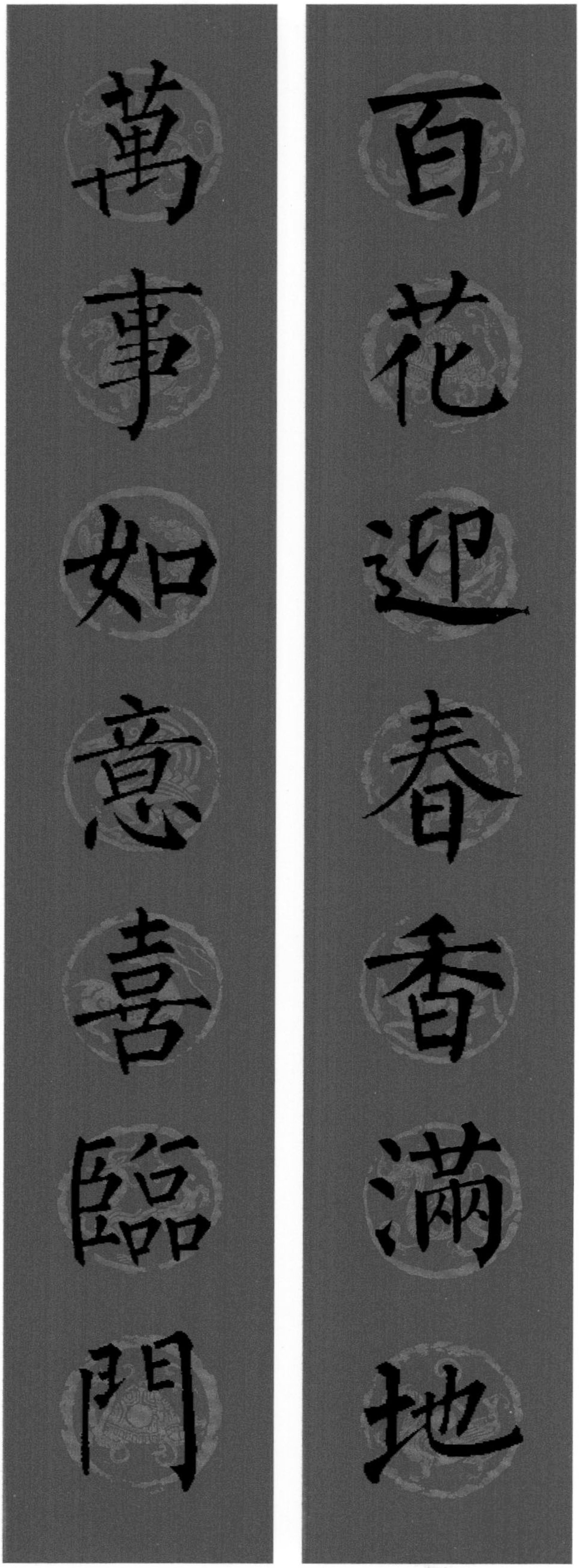

百花迎春香满地
万事如意喜临门

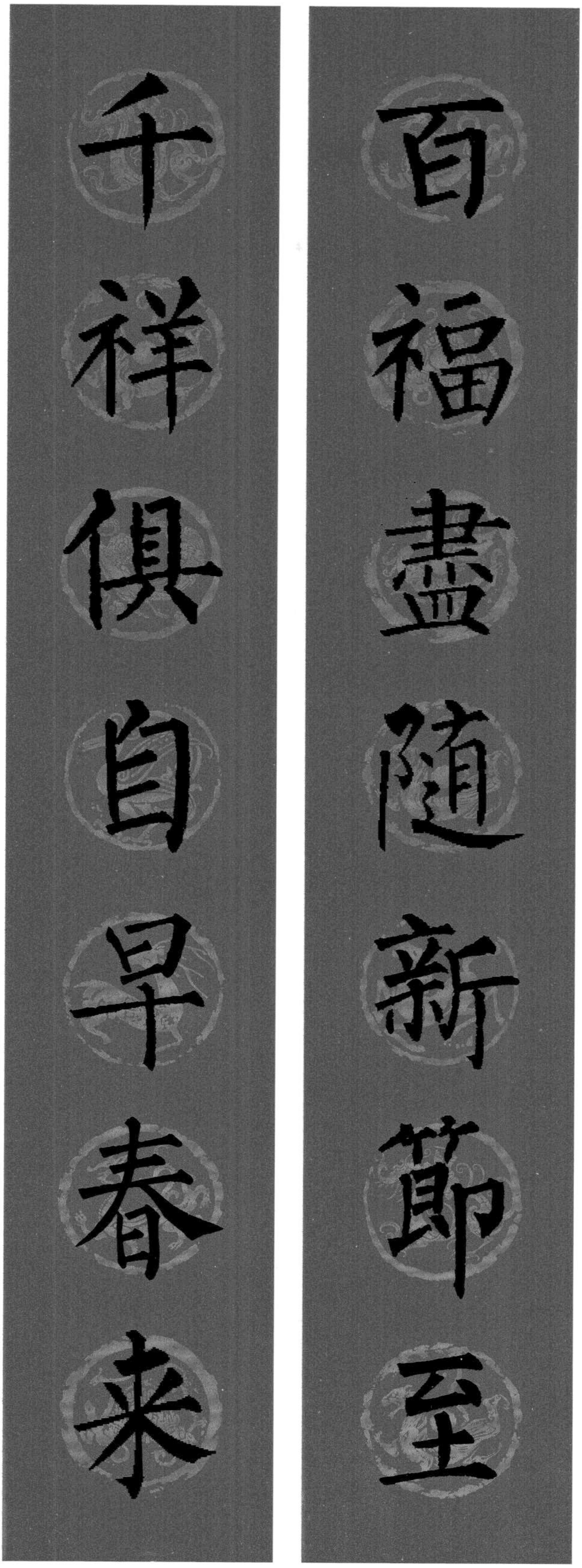

百福尽随新节至
千祥俱自早春来

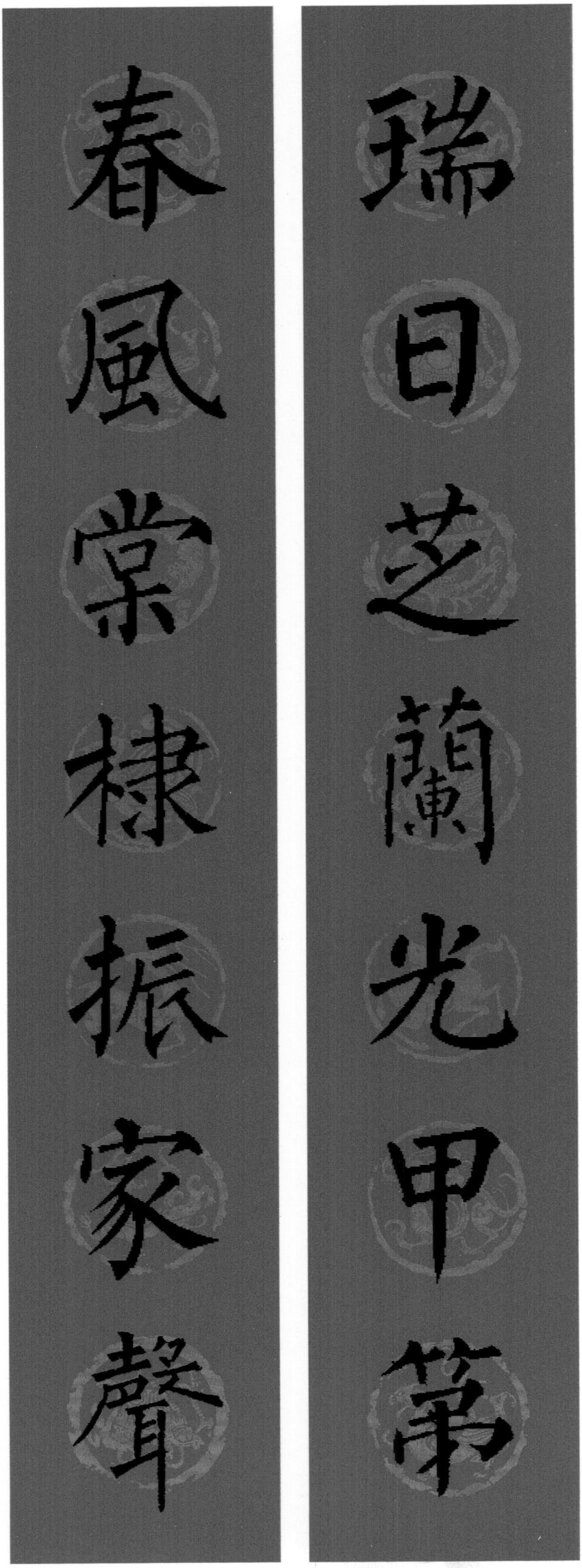

瑞日芝兰光甲第
春风棠棣振家声

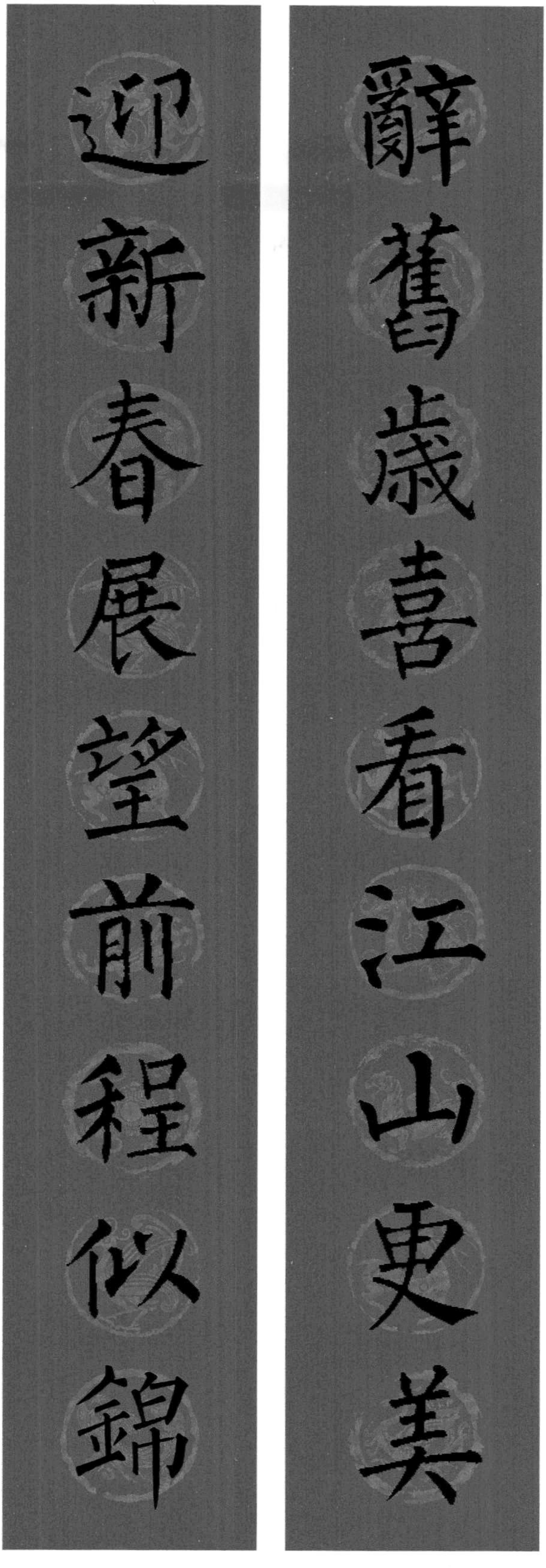
辭舊歲喜看江山更美
迎新春展望前程似錦

辞旧岁喜看江山更美
迎新春展望前程似锦

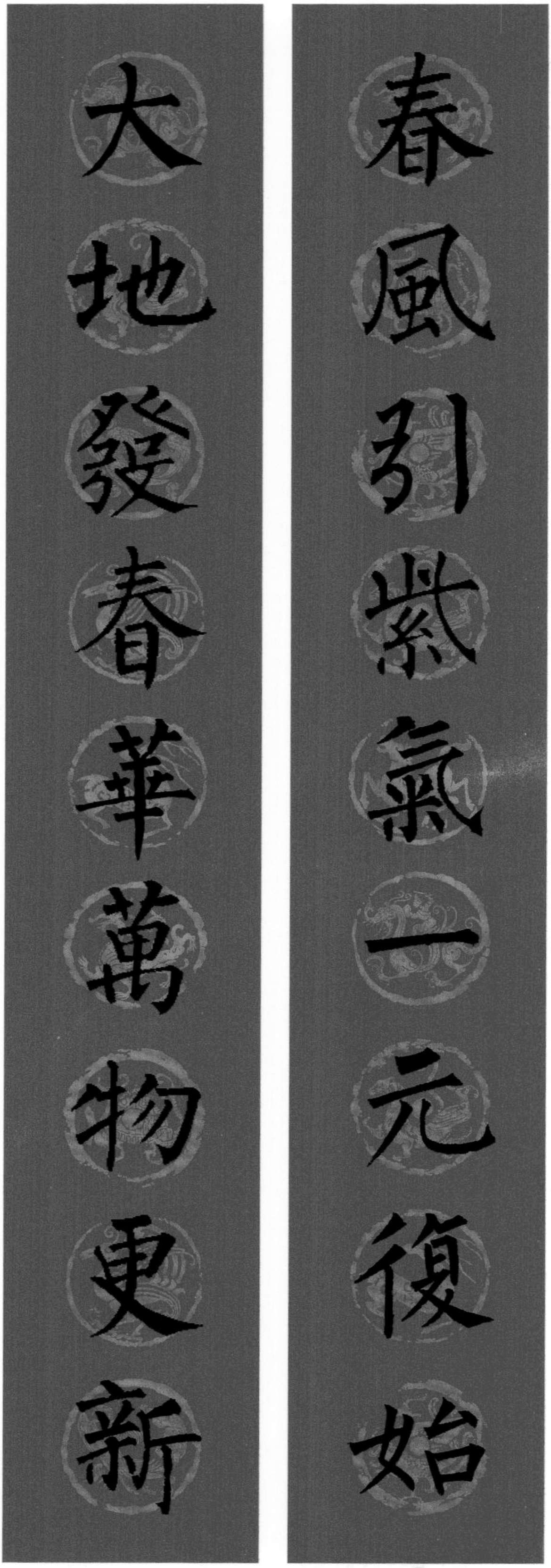

春风引紫气一元复始
大地发春华万物更新

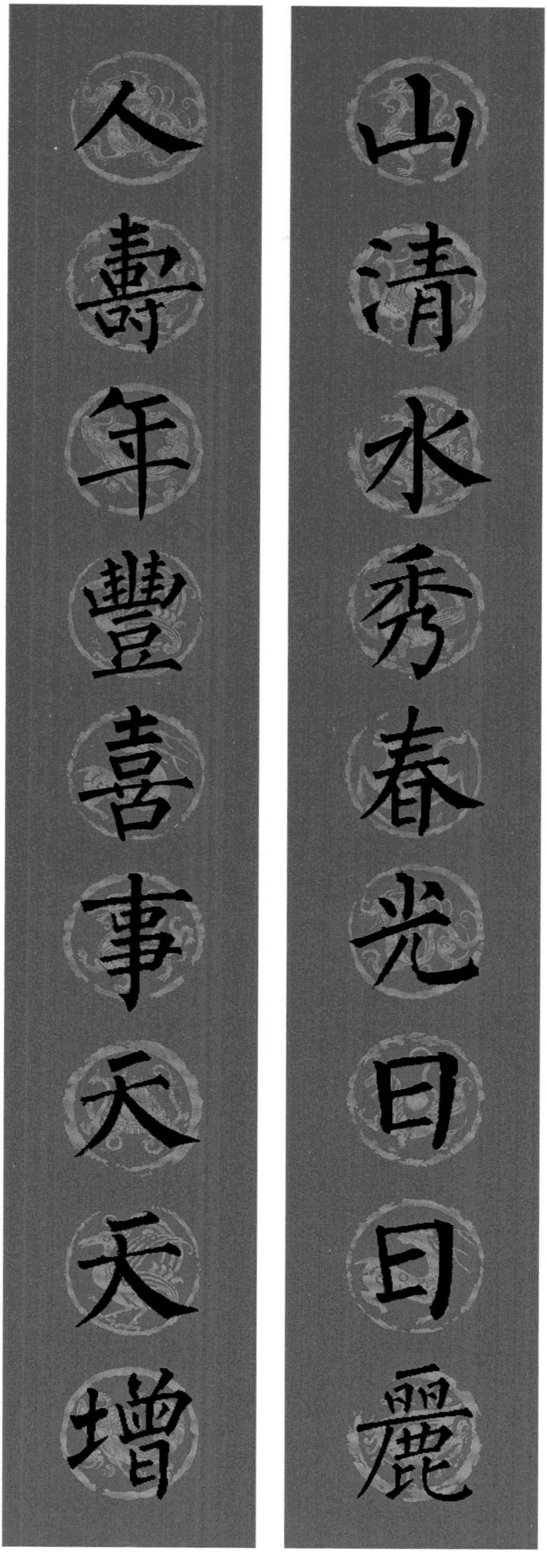

山清水秀春光日日丽
人寿年丰喜事天天增

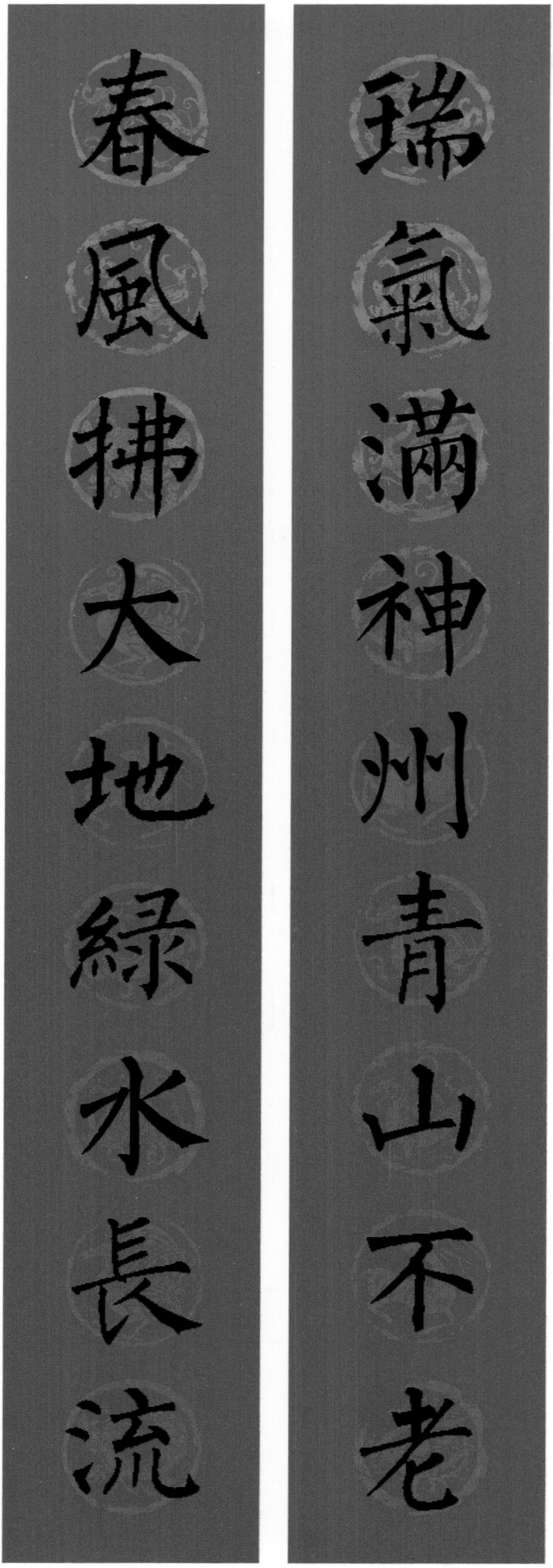

瑞气满神州青山不老
春风拂大地绿水长流

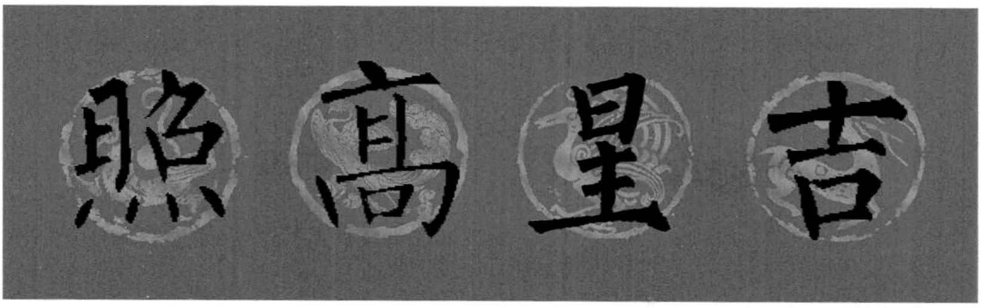

吉星高照

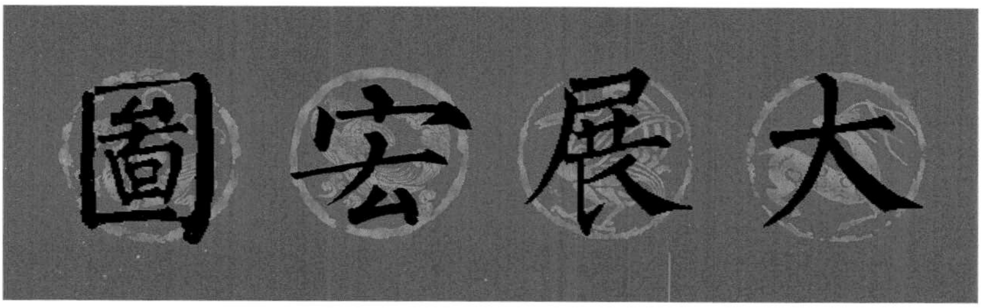

大展宏图

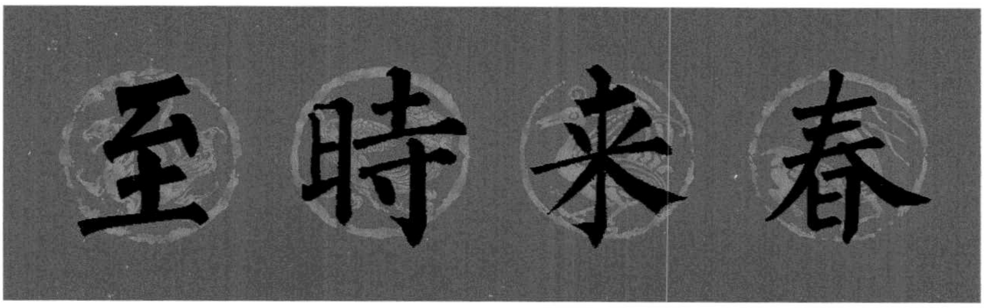

春来时至

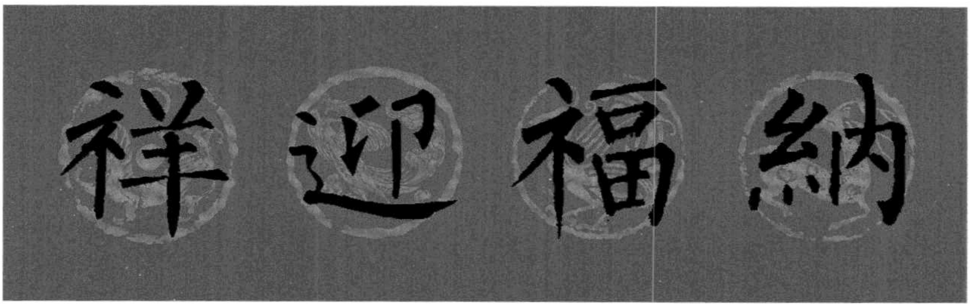

纳福迎祥

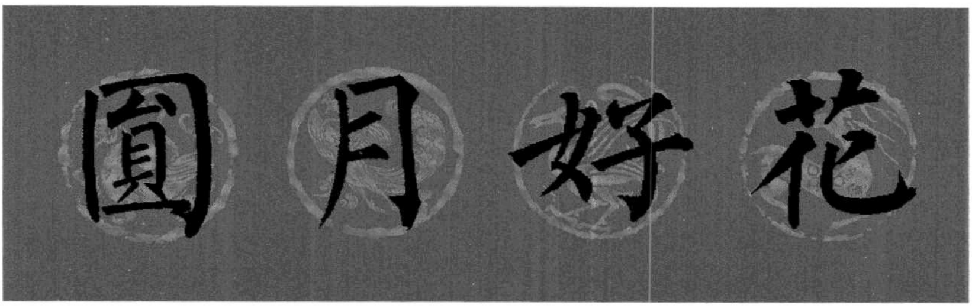

花好月圆

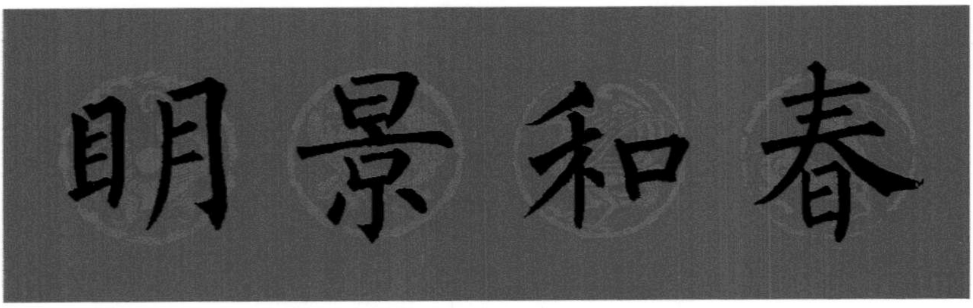

春和景明

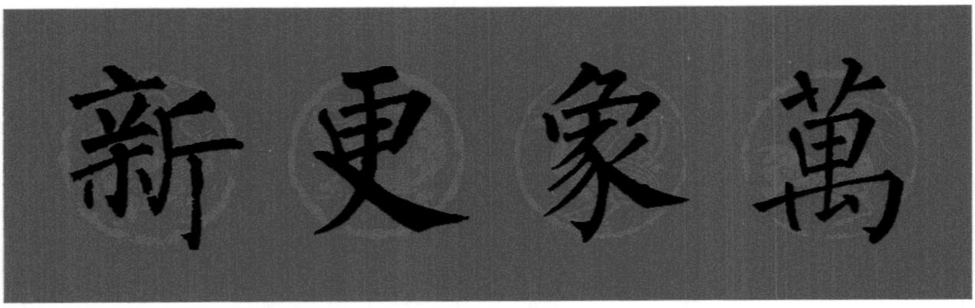

万象更新

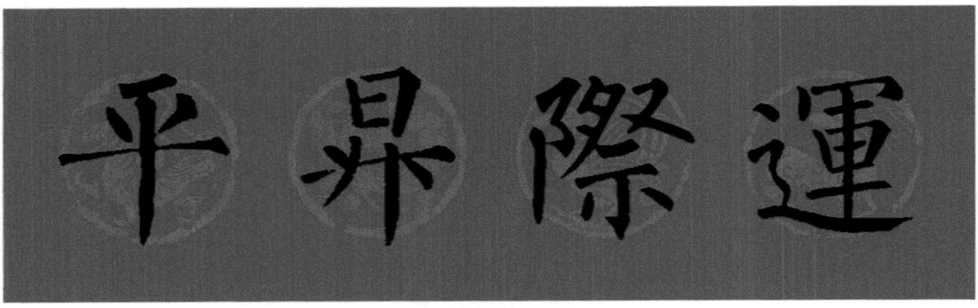

运际升平

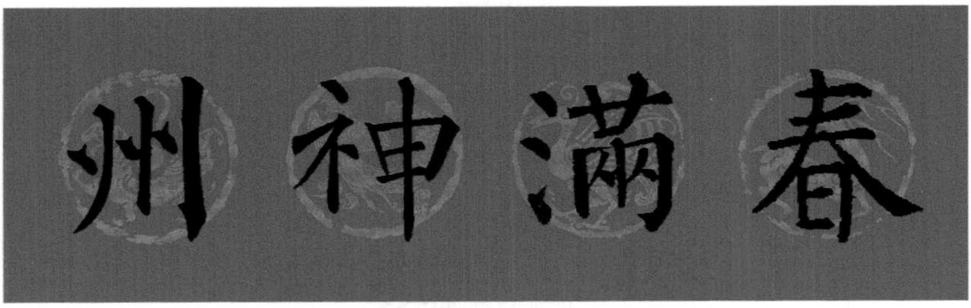

春满神州

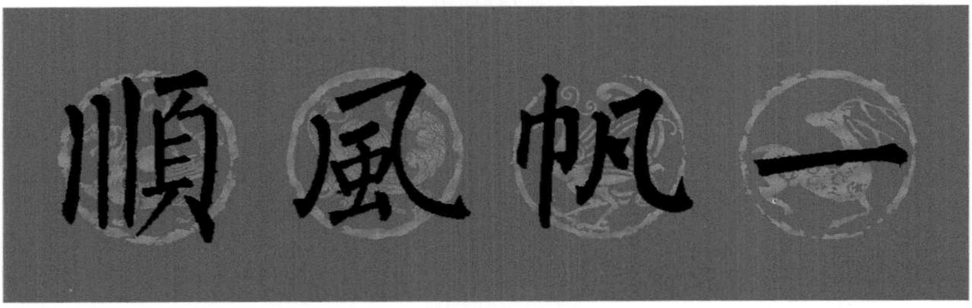

一帆风顺

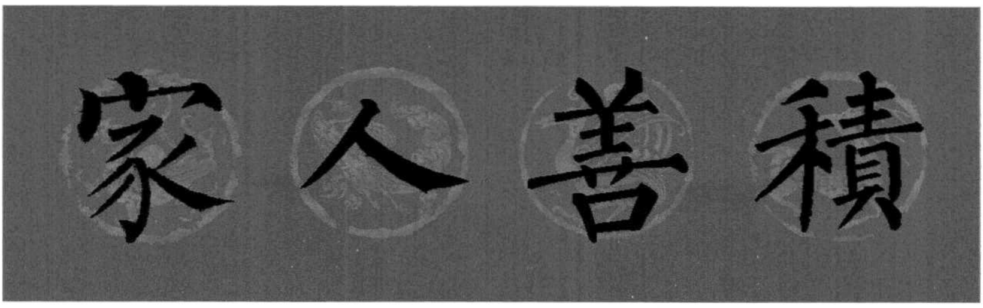

积善人家

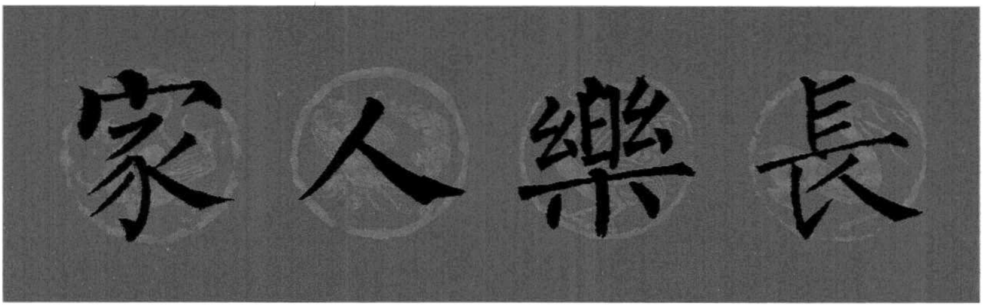

长乐人家

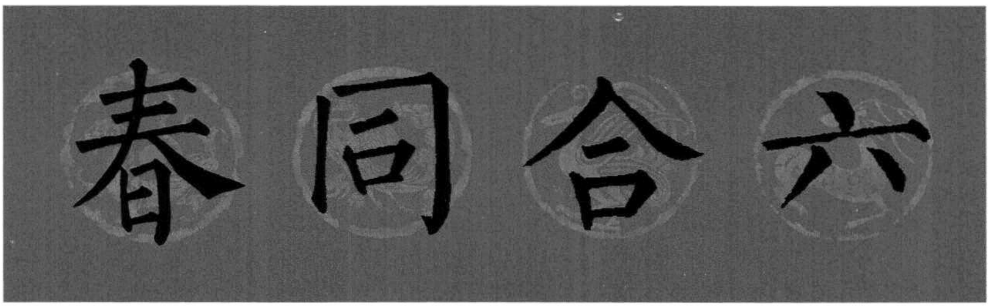

六合同春

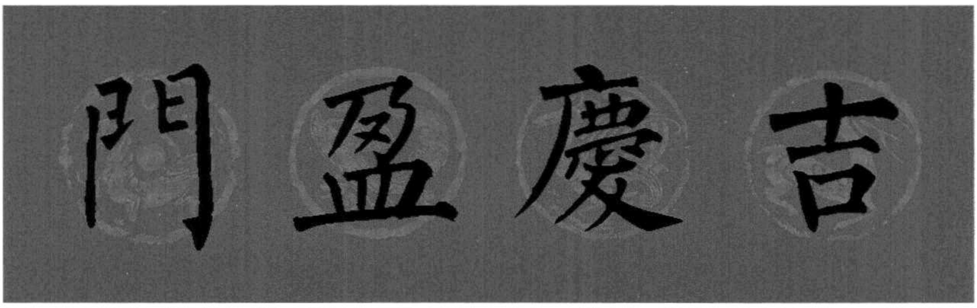

吉庆盈门

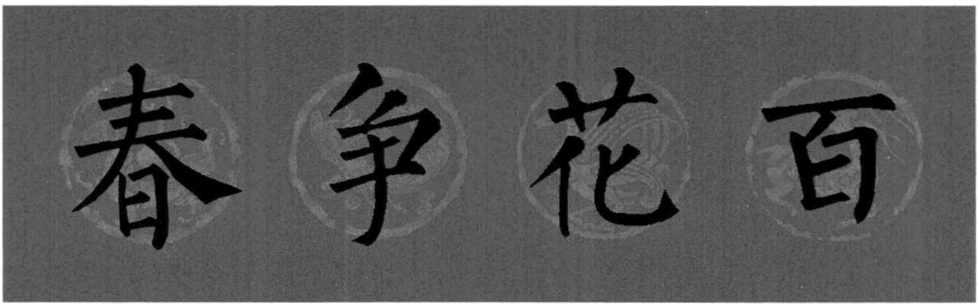

百花争春

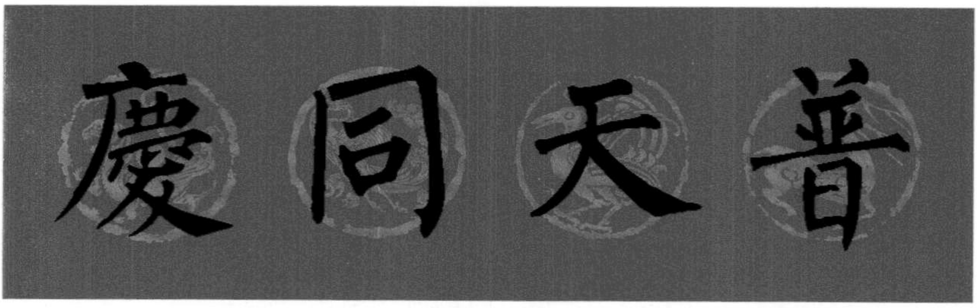

普天同庆

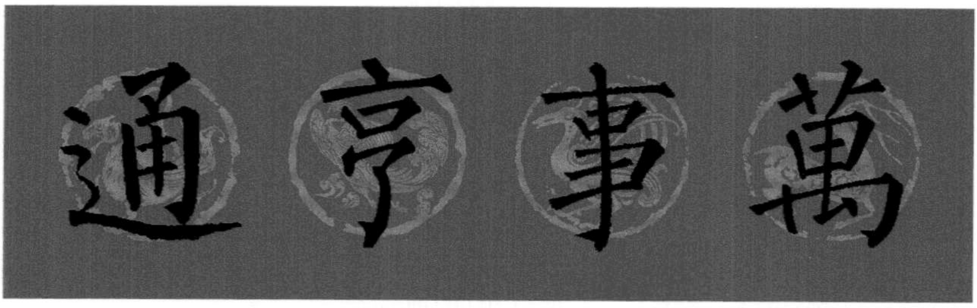

万事亨通

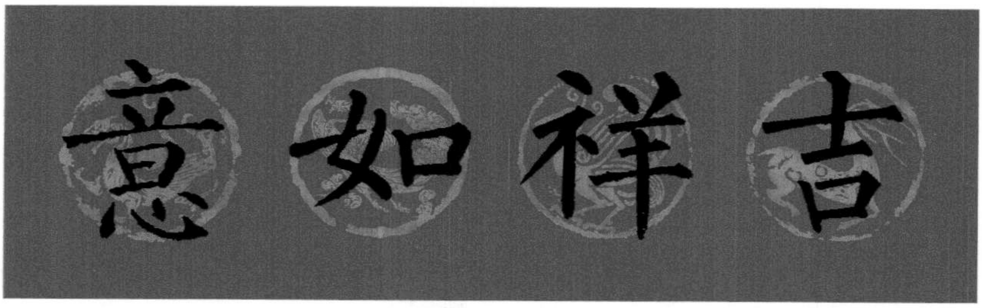

吉祥如意

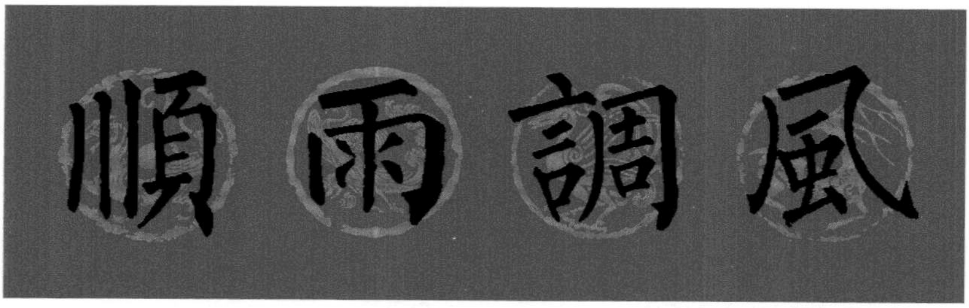

风调雨顺

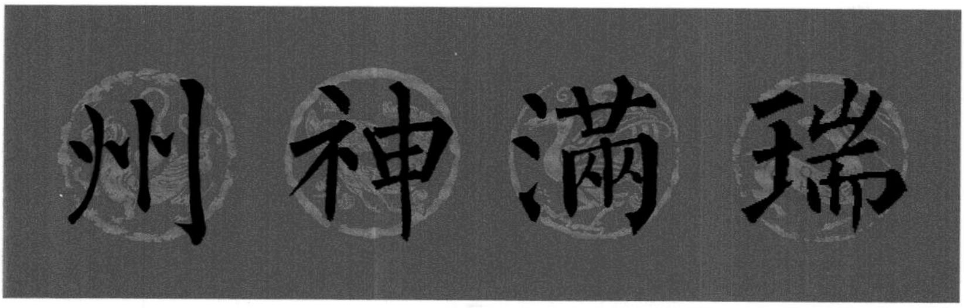

瑞满神州

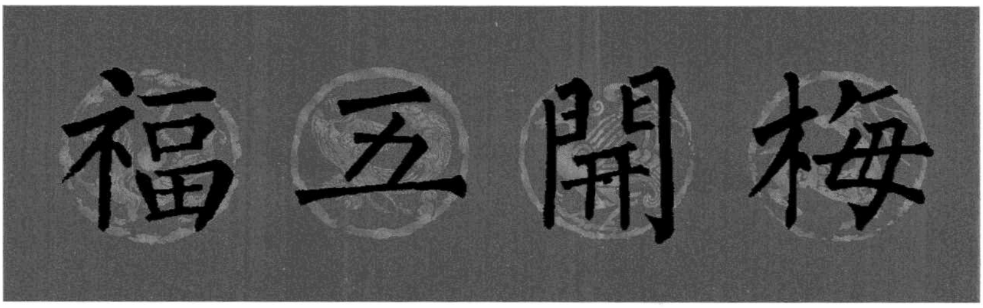

梅开五福

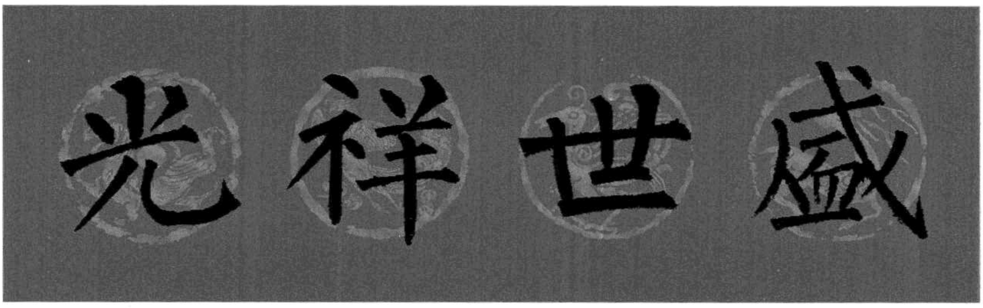

盛世祥光

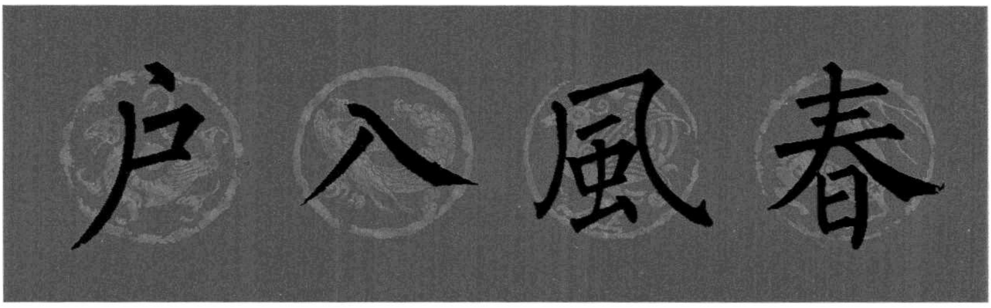

春风入户

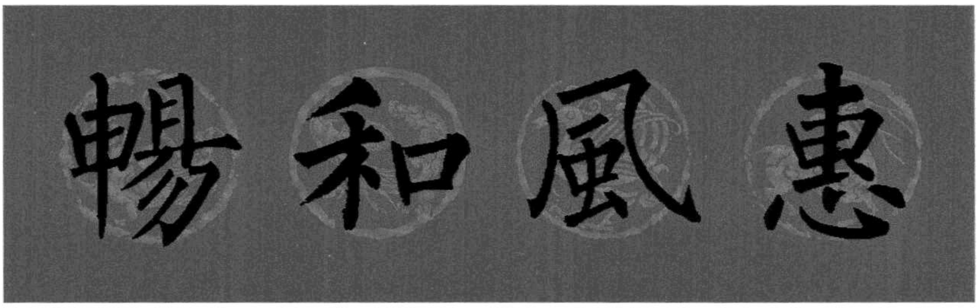

惠风和畅

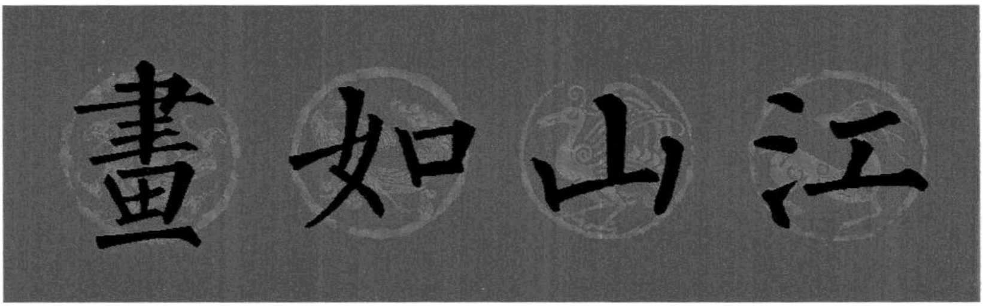

江山如画

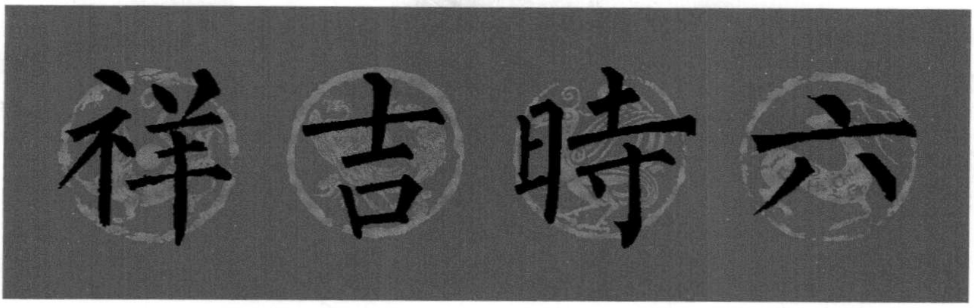

六时吉祥

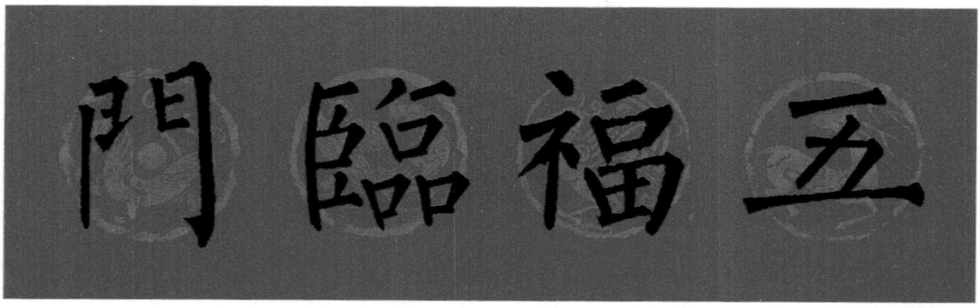

五福临门

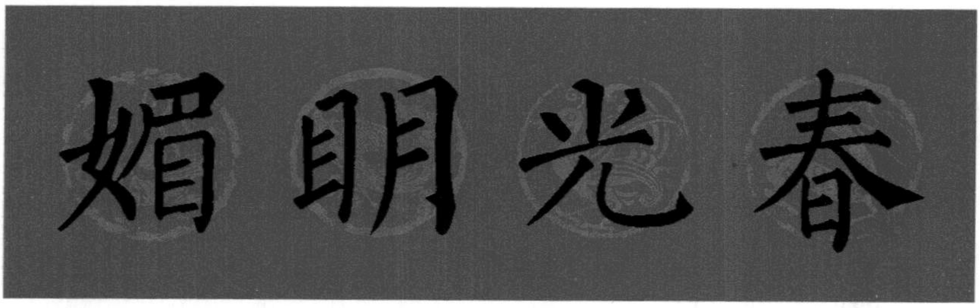

春光明媚

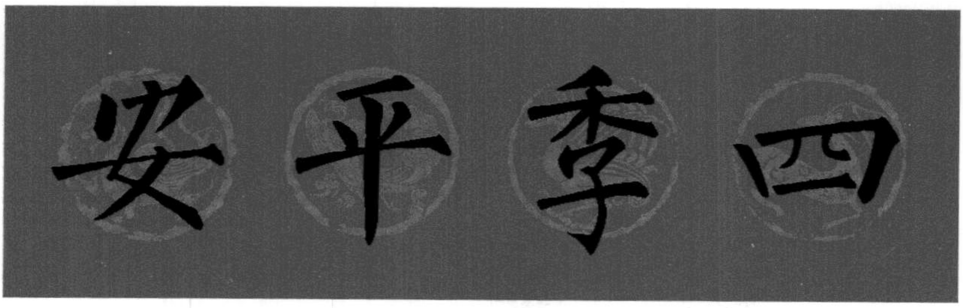

四季平安

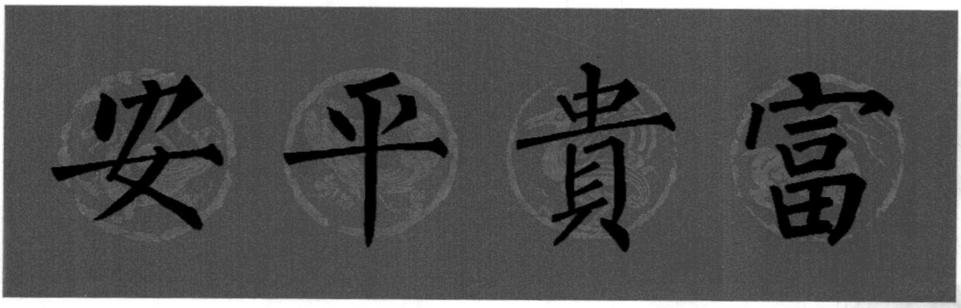

富贵平安